SV

Wilhelm Schmidt-Biggemann

Geschichte als absoluter Begriff

Der Lauf der neueren deutschen Philosophie

Suhrkamp

Die Deutsche Bibliothek – CIP-Einheitsaufnahme
Schmidt-Biggemann, Wilhelm:
Geschichte als absoluter Begriff : der Lauf
der neueren deutschen Philosophie /
Wilhelm Schmidt-Biggemann. –
1. Aufl. – Frankfurt am Main :
Suhrkamp, 1991
ISBN 3-518-58098-1

Erste Auflage 1991

Satz: Satz- und Reprotechnik GmbH, Hemsbach
Druck: Druckhaus Beltz, Hemsbach

Inhalt

D. Entzweiung im Schein der Versöhnung: Adornos Aufklärung über Geschichte

E. Endzeiten der Säkularisation Geschichtstheologische Apologetik

Vorwort
Was heißt Geschichte als absoluter Begriff?

Begriffe stellen Ansprüche. Man benutzt sie nicht ohne Risiko. Wahrscheinlich beherrschen wir ihre Semantik nicht so, wie diese Semantik uns beherrscht.[1] Für den Begriff Geschichte ist das offensichtlich. Geschichte ist einer von den Begriffen, die ein Erklärungsmonopol beanspruchen. Dieser Anspruch zeigt sich in Wendungen wie »Eigentlich ist alles ...«, z.B. geschichtlich. Der Geschichtsbegriff ist nur ein Kandidat solcher absoluten Bedeutungsansprüche. Auch »Möglichkeit« – alles ist möglich – »Natur« – auch das Unnatürliche ist irgendwo natürlich – oder »Gott« – ein Auge ist, das alles sieht – haben einen absoluten Bedeutungsanspruch, auch sie lassen in ihrem Kraftfeld keine Adiaphora zu. Absolute Begriffe wie Geschichte machen durch ihren Absolutismus alle anderen Begriffe von sich abhängig. Sie sind wie Magnetfelder, die alles auf ihren Bedeutungsbereich einrichten.

So hat jeder absolute Begriff den Relativismus aller anderen zur Folge, es wäre widersinnig, sich dem zu widersetzen. Wie alle absoluten Begriffe, so relativiert auch »Geschichte« alles nach ihrer Bedeutung.

Absolute Begriffe fordern absoluten Gehorsam. Dieser Gehorsamsanspruch geht so weit, daß sie, hat man sich auf sie eingelassen, nicht mehr verfügbar sind. Begriffe sind damit Institutionen, die mit ihren Bedeutungsan-

1 Vgl. Tilmann Borsche: Wer spricht, wenn wir sprechen. Überlegungen zum Problem der Autorschaft, in: Allg. Zeitschrift f. Philosophie. 13. Jahrg. 1988, S. 37-50.

sprüchen diejenigen verpflichten, die mit ihnen denken. Wir, die gehorsamen Benutzer, werden semantische Subjekte, indem wir, den Begriffsbedeutungen gehorchend, diese als die unsrigen anerkennen. Eben die Tatsache, daß wir das begreifen, macht uns zu Subjekten, sonst hätten wir keine Vernunft. Daß dieses Faktum sozusagen nur am Rande der Sprache bewußt wird, versteht sich fast von selbst. Meistens sprechen die Worte mit uns.

Nur indem wir so in die Semantik eines absoluten Begriffs eingelassen sind und uns darauf einlassen, haben wir die Chance zu begreifen, wie es mit uns im absoluten Begriff von Geschichte steht. Es zeigt sich dann, daß man in dieser Einläßlichkeit auch denken muß, was man nicht denken möchte. Aber das hat – gerade beim Begriff Geschichte – den Vorteil, daß das Möchtegern vom begrifflich Erwartbaren getrennt ist. Geschichte kann, unter dem Anspruch ihrer absoluten Begrifflichkeit stehend, kein Ziel haben, das die Bedeutung des Begriffs Geschichte sprengt. Es ist eben alles geschichtlich. Und wenn für Geschichte Veränderung ein unentbehrliches Bedeutungsmerkmal ist, dann ist, vom absoluten Anspruch der Geschichte her gesehen, jede Abzweckung der Geschichte, sei es Moral, sei es Rationalität, sei es Humanität, eine Einschränkung eben dieses Absolutheitsanspruches. Ein eingeschränkter Absolutismus verliert seinen Begriff.

Absolute Begriffe entfalten ihr Bedeutungspotential nicht auf einmal. Ihre Fruchtbarkeit und ihre Aporien zeigen sich im Verlauf ihrer Arbeit. Die Begriffsarbeit vollzieht sich im Habitus, den der Begriff in den Subjekten, die ihn benutzen, erzeugt. Der habituelle Historiker denkt eben historisch. Einen solchen Habitus können, wenn sie durch einen historischen Begriff geprägt sind, ganze Epochen bekommen. Der Leitbegriff bestimmt dann den Charakter einer Epoche.

So bekommen Begriffe die Zeit ihrer Epochenherrschaft. Sie werden gefunden, man richtet sich in ihnen ein, und sie werden zum Problem, indem sich ihr Bedeutungspotential erschöpft. Je mehr ihre semantischen Ansprüche erfüllt werden, je größer ihr Kompetenzbereich wird, desto mehr zeigen sich auch die internen Aporien. Das gilt für die Geschichte des Gottesbegriffes im Mittelalter und in der Frühen Neuzeit ebenso wie für den absoluten Begriff von Geschichte im 19. und 20. Jahrhundert.

Die Wirkung eines prägenden Leitbegriffs ist nachhaltig. Sie findet sich nicht nur bei denen, die sich der Prägung bewußt sind. Eher ist das Gegenteil der Fall. Vielmehr ist sie als gerichtetes Kraftfeld allgegenwärtig. Ist man sich epochaler Leitbegriffe erst einmal bewußt, dann wirken sie wie ein Zauberstab und eine bunte Brille: Überall erscheinen die Symptome dessen, was man ahnte.

Wollte man den Geschichtsbegriff festlegen, müßte man seine Essenz als Veränderung denken, und man müßte diese Veränderung auf den Menschen beziehen.

Aber da zeigen sich a limine Probleme. Denn die Semantik der Veränderung entzieht sich dem Begriff, sofern Begriff als der Versuch »gefaßt« wird, Ständigkeiten, Handhabbarkeiten, logische Denkmöglichkeiten, die selbst die Zeit bedingen, zu bestimmen. Geschichte kann nicht von ihrem Ganzen begriffen und damit ständig gemacht werden. Es steht kein Ganzes zur Verfügung und zur Einfügung. Die immanente Zeitlichkeit der Geschichte macht eine »Struktur« von Geschichte zu einem hölzernen Eisen. In der Geschichte können deshalb allein Geschichten erzählt werden; denn immer dann, wenn Zeit in eine Argumentation einbricht, wird deren Zusam-

mendenken, das »System«, unmöglich, dann wird aus dem Argument eine Geschichte.
Die Bedeutung von »Geschichte«, Bewegung in bezug auf den Menschen zu sein, macht es für diesen Menschen gerade unmöglich, im Begriff von Geschichte einen absoluten Point de vue zu haben, einen Aussichtspunkt fürs sonst Unüberschaubare. Dieser vermeintlich absolute Gesichtspunkt schwimmt selbst, ist selbst nur Charakter, der außer seiner Veränderung nichts zeigt: er ist ein Unbegriff, der von allen absoluten Begriffen am wenigsten handhabbar, beherrschbar ist. Und die Betroffenen, wir Menschen, bleiben darauf angewiesen, damit umzugehen. Eine solche Spannung von Bedeutung und Bedürftigkeit reduziert Machbarkeitsphantasien.
Wenn der Geschichtsbegriff Charakter einer Epoche ist, wenn er das prägende Problem einer durch ihn bestimmten Zeitspanne wird, wenn er dadurch auch den Bezug einer Zeit auf ihre eigene Zeitlichkeit mit indiziert, dann kommt es für die Beschreibung, die Nacherzählung einer solchen Begriffsherrschaft darauf an, diejenigen Gedanken bei denjenigen Leuten nachzudenken, die sich von diesem Begriff am weitesten haben treiben lassen. Die, die selbst philosophische Herren der Geschichte sein wollten, die Systematiker, die die Geschichte durch den Begriff sistieren wollten, vernahmen nichts von der Macht absoluter Begriffe. Die aber, die sich diesem Anspruch stellten, bemerkten und durchlitten auch die Aporien von Geschichte: sie sind eben durch Geschichte geprägt.
Das gilt für Herders Sprachphilosophie so wie für Nietzsches Religionskritik. Und wenn Max Weber das Ende der Geschichte in der Bürokratie erahnen wollte, so bleibt er doch durch die Grundannahme einer aporetischen Geschichtlichkeit geprägt. Wenn Carl Schmitt die Entschei-

dung als die letzte Möglichkeit des Menschen in einer verdunkelten Geschichte erzwingen wollte, dann war es die historische Not der Veränderung, nicht die Herrschaft der Rationalität, die das Denken dieser Denker nötigte.

Es gibt eben, hat man sich auf Geschichte eingelassen, keine Möglichkeit, diesem Begriff zu entfliehen. Heidegger hat denn auch den Versuch, den Geschichtsbegriff in »Sein und Zeit« durch die Grenzen des »Daseins« existentiell zu bändigen, aufgegeben, indem er das »Ereignis« als geschichtseröffnende Wahrheit der Seynserfahrung des Daseins darstellte; und auch bei Adorno ist der Schein der Versöhnung in der Kunst nur der verzweifelte Versuch, der Entzweiung als dem absoluten Motor der Geschichte zu entkommen.

Nein, weder ist die Zeit selbst beherrschbar, noch die eigene Epoche. Aber angewiesen auf die präsumptive Ortsbestimmung der eigenen Epoche bleibt der Mensch dennoch. Ohne Begriff kann man nicht leben, und das gilt fürs Überleben und fürs Gutleben. Deshalb bleibt nicht allein die Begrifflichkeit eine paradoxe Aufgabe in einer geschichtlichen Situation, sondern auch die Legitimierung der geschichtlichen Situation bleibt Aufgabe. Gerade im Durchleben seiner Bedeutung, in den Aporien und Unberechenbarkeiten des Geschichtsbegriffs zeigt sich, daß er nicht zu bändigen ist. Schön = wünschenswert wäre es, wenn uns seine Gewalt erspart bliebe.[2]

Prag, 16. Oktober 1990

2 Das letzte Kapitel des vorliegenden Essays entspricht in einigen Teilen einem vorher veröffentlichten Aufsatz des Verfassers: Säkularisierung und Theodizee. Anmerkungen zur geschichtstheologischen Interpretation der Neuzeit in den fünfziger und sechziger Jahren, in: Studia Philosophica 1986, S. 51-67.

A. Anfang der Bildung

I. Polyhistorie

Polyhistorie ist als Universalwissenschaft im 16. Jahrhundert entstanden; wenn man sie kennzeichnen will, muß man sie mit den Leitbegriffen Historie und Topik bestimmen. Sie hat sich in den Kernbegriffen in wesentlichen Punkten vom späten 16. bis in die zweite Hälfte des 18. Jahrhunderts gehalten und bildet den Stoff für das, was hier »geschichtliche Bildung« heißt. Dieses Bildungskonzept ist kein Neuanfang des Geschichtsbegriffs, sondern seine *Verzeitlichung* bewirkt die Umwandlung des alten Geschichtsbegriffs, den ich zur terminologischen Unterscheidung Historie nenne, in Bildung.

1. Topische Historie

Daß Historia magistra vitae[1] ist, ist ein interpretationsbedürftiger Topos insofern, als Lehre »Magistra« und Wissenschaftlichkeit (was nicht dasselbe ist) klassischerweise vom Gegenstand der Wissenschaft abhängen. Wissenschaft behandelt als kontemplative Wissenschaft – Scientia – unveränderliche Begriffe. Das war bis zum 18. Jahrhundert eine ganz wesentliche Bedingung dafür, daß platonische und aristotelische Metaphysik als Muster von Wissenschaftlichkeit überhaupt gelten durften. Magistra vitae konnte deshalb nur etwas sein, was im Kontext von

1 Vgl. R. Koselleck: Historia Magistra Vitae, in: Vergangene Zukunft. Zur Semantik geschichtlicher Zeiten, Frankfurt 1979.

praktischer Wissenschaft und im Kontext eines nicht vornehmlich metaphysik-orientierten Wissens seinen Sinn bekam. Humanistisch hatte sich dafür die ciceronianische Verbindung von Historia und Topik/Rhetorik angeboten: »Historia testis temporum, lux veritatis, vita memoriae, magistra vitae, nuncia vetustatis, qua voce alia, nisi oratoris, immortalitati commendari?« (Cicero, Orator 2, 12).

Diese Bestimmung ließ eine prinzipielle Doppeldeutigkeit beim Begriff der Historia bestehen: 1. hießen die Praecepta, die inhaltlichen Lehren aus der Geschichte, Historie, 2. hieß auch das Verfahren von Invention und Disposition, die Disciplina, Historie.

Auch als Verfahren entsprach die Disziplin Historie keinem strengen Wissenschaftsbegriff, sie war weder kontemplativ und axiomatisch noch argumentierte sie streng syllogistisch. Historie war rhetorisch ausgerichtet. Diese Ausrichtung war eingebaut in die ciceronianische Fassung der Topik: Man ging mit der Historie um, man benutzte sie, indem man in der Historie invenierte und die gefundenen Praecepta beurteilte und disponierte: »Ratio diligens disserendi habet duas partes: unam inveniendi, alteram iudicandi.« (Cicero, Topik 2, 7).

Die Stellung der Historia zum aristotelischen und auch zum platonisierenden Begriff von Wissenschaft war nicht eindeutig klärbar. Der Weg der Historia zur aristotelischen Wissenschaft war wegen der Festlegung der Wissenschaft (Scientia) auf unwandelbare Begriffe ganz versperrt (Aristoteles, Poetik)[2]. Es gab allerdings einen Weg

2 Aristoteles, Poetik 9: »Die Dichtung ist philosophischer und bedeutender als die Geschichtsschreibung. Denn die Dichtung redet eher vom Allgemeinen, die Geschichtsschreibung vom Besonderen.«

zur platonischen Wissenschaft. Der verlief über die Vorstellung einer Revelation durch »Natürliche Theologie«. Diese Natürliche Theologie wurde – und das war dann der historische Aspekt – als »Philosophia perennis« aufgefaßt, als die wahre Weisheit, die dann das Ziel allen menschlichen Strebens durch die Jahrhunderte war. Das war der Sinn, der in der antiken Begriffsgeschichte von Philosophie gesehen wurde und der sich mit der Geschichte des Pythagoras verband, die über Diogenes Laertius und Isidor von Sevilla überliefert wurde. Hier die Fassung aus Isidors Ethymologien VIII, VI, 2: »Nomen Philosophorum primum a Pythagora fertur exortum. Nam dum antea Graece veteres sophistas, id est sapientes, aut doctores sapientiae semetipsos iactantes nominarent, iste interrogatus quid profiteretur, verecundo nomine philosophum, id est amatorem sapientiae se esse respondit, quoniam sapientem profiteri arrogantissimum videbatur.«

Unter der Herrschaft eines solchen Philosophiebegriffs war Historie inhaltlich Schatz des Wissens, der in die Schöpfung – und zwar sowohl in die natürliche Schöpfung als auch in die Weisheit der Überlieferung – gelegt war. Historie als Disziplin hatte die Aufgabe, diesen natürlichen Schatz in der Historie der natürlichen und geschichtlichen Offenbarung zu invenieren, in der Natur, in der Geschichte der Naturforschung, der Geschichte der Offenbarung, der Geschichte der Gelehrsamkeit. Das Programm von Geschichte wurde deshalb sinnvollerweise aufgeteilt nach den Sparten, in denen sich die Lehre der Geschichte zeigte: Historia naturalis, Historia politica, Historia ecclesiastica, schließlich die wichtigste humanistische Bedeutung von Historia als Magistra vitae: Historia litteraria.

Das Konzept der Historia litteraria, das später auch Historia eruditionis hieß, stammt von dem Waadländer Christoph Mylaeus.[3] Mylaeus beschrieb mit diesem Terminus die menschliche Kenntnis als Teilhabe an der Geschichte der geschaffenen Natur und der göttlichen Weisheit. An seinem Modell haben sich dann Bodin[4] und Bacon[5] orientiert und teils direkt, teils vermittelt, die vielen Enzyklopädisten der Historia litteraria durchs Barock: Alsted, Comenius, Vossius, Morhof, Thomasius. Auch im 18. Jahrhundert galt dieses Schema noch: bei Budde und Heumann, auch noch bei Johann Andreas Fabricius, der genau zweihundert Jahre nach Mylaeus die letzte Gelehrtengeschichte des topischen Typs verfaßte, den »Abriß einer allgemeinen Historie der Gelehrsamkeit«. Das Konzept wirkte auch in Chambers Cyclopaedia, in Diderots Encyclopédie, natürlich in Zedlers Universallexikon, und noch Boeckhs Enzyklopädie-Vorlesungen sind vom Konzept der allgemeinen Gelehrten-Geschichte mitbestimmt.[6]
Dieses Konzept einer Gelehrten-Historie hatte zwar das ciceronianische Modell zur Voraussetzung, drehte es aber auf die humanistischen Bedingungen um: Nicht mehr der antike Rhetor hatte mit Blick auf die Öffentlichkeit Kenntnisse der Historie zu haben, sondern der Universitätsgelehrte beschäftigte sich mit den Disziplinen des Wissens. Der Inhalt der Historie wurde so als vielfältiger Inhalt der Lehrdisziplinen aufgefaßt. Nicht mehr zielt die

3 Christoph Mylaeus: De Sribendi universitatem rerum historia, Basel 1551.

4 Jean Bodin: Methodus ad facilem historiarum cognitionem, Amsterdam 1650.

5 Bacon, de Augmentis Scientiarum, zuerst London 1623.

6 Vgl. Gerhard v. Graevenitz: Mythos. Geschichte einer Denkgewohnheit, Stuttgart 1987.

Gelehrsamkeit auf die Leistungsfähigkeit einer öffentlichen Rhetorik, sondern Rhetorik wird durch Polymathie ersetzt: »Unser Geist soll nicht so eingeschränkt werden, daß er nur eine Kunst beherrscht. Die, die nur das können, sind schlechte Kunstrichter und sehen nicht, wieviel der Geist des Menschen vermag. Der Geist ist so agil und so schnell, daß er nicht nur eines kann. Man sollte nicht auf die beschränkten Menschen hören, die die Polymathie der Genies als unnütz und praxisfern beklagen«[7], beginnt D. G. Morhof seinen »Polyhistor«, eine der maßgeblichen Geschichten der Gelehrsamkeit im 17. und 18. Jahrhundert. Die Universalität des Wissens ist in der Disziplinenorientierung zum Bücherschatz der Historie transformiert. Nur aus diesem Bücherschatz der Historie heraus ist praktische Orientierung möglich.

Welche Konstituentien prägen diesen Bereich gelehrter Historie? Historie wurde theologisch begründet als Weisheit Gottes 1. in der Natur, 2. in der biblischen und 3. in der paganen historischen Offenbarung. Die natürliche Offenbarung wurde ergänzt durch die antediluvianische – vorsintflutliche – Offenbarung, die für Juden, Christen

7 Morhof: Polyhistor, Lübeck 1747, ND Aalen 1970, S. 2: »Neque enim ita in arctum compingendus est animus noster, ut intra unam aliquam artem subsitat. Qui enim illud faciunt, iniqui profecto judices, non perspiciunt, quantum natura humani ingenii valeat: quae ita agilis est et velox, ut ne possit quidem aliquid agere tantum unum. Non audiendi sunt homines imperiti, qui humano, ingenio majorem, vel inutilem, et rebus gerendis adversam πολυμάθειαν criminatur.« Es handelt sich um ein nicht gekennzeichnetes Quintilian-Zitat: Inst. Rhet. 1, 12, 2: »sed non satis perspiciunt (quidam), quantum natura humani ingenii valeat, quae ita est agilis ac velox, sic in omnem partem, ut ita dixerim, spectat, ut ne possit quidem aliquid agere tantum unum, in plura vero non eodem die modo, sed eodem temporis momento vim suam intendat.«

und Heiden gleichermaßen galt. Denn nur was von der göttlich offenbarten adamitischen und paradiesischen Weisheit durch Noah über die Sintflut gerettet wurde, war der mögliche Rahmen des jüdisch-christlichen und paganen Wissens von Gott. Alles Wissen kam schließlich von Ihm, und die Furcht des Herrn war der Weisheit Anfang (Psalm 111). Über aller Weisheit, die von Gott kam, hatte die sündhafte Geschichte seit der Vertreibung aus dem Paradies den Schleier gebreitet. *Deshalb* konnten rückwärts aus der Historie Lehren gezogen werden, die ursprünglich, paradiesisch beieinander gewesen waren. Die Historia, die, so christianisiert, Magistra vitae geworden war, war deshalb ein Schatz von Wissen ohne Zeitindex, also potentiell gleichzeitig, weil das Wissen Gottes von der Welt immer instantan bei IHM war. Die Geschichte der Gelehrsamkeit bestand darin, diesen Schatz des Wissens immer vollständiger zu erfassen. »Ad fontes« war die Parole des Fortgangs = Rückgangs zur »Sapientia veterum« (Vico) zu den Alten, die näher bei der göttlichen Offenbarung waren. Wie ägyptische Hyroglyphen und homerische Epen zeigten, war diese Weisheit allegorisch verhüllt. Die Entschleierung und Entschlüsselung der alten Dichtungen zielte deshalb auf Weisheiten, Gnomoi, Praecepta, die als Arcana überliefert waren. Wegen der Verdunklung der göttlichen Weisheit durch die Erbsünde verloren die Weisheiten ihren Arcancharakter auch in der Wissenschaft nicht völlig. So waren die Weisheiten in Natur und Geschichte ewig und unveränderlich[8]; nur der Fortschritt *unseres* Wissens hatte einen Zeitindex. Die Weisheiten aber waren zu allen Zeiten gleich, deshalb

8 Typisch und für den Zusammenhang epochal begriffsbildend: Agostino Steucho: De perenni philosophia, Lyon 1540. ND New York 1972.

konnten sie keiner Epoche als Signatur zugeeignet werden, sondern sie mußten sämtlich als zeitlich gleichberechtigte *Loci communes* aufgefaßt werden.
Es gab deshalb keine bevorzugten Quellengattungen. Dichtungen wurden nicht als die frühesten Zeugnisse der göttlichen Weisheiten angesehen, sondern sie verschleierten eine ursprünglich theoretische Offenbarung; denn theologische Offenbarungen, wie der Pentateuch, die orphischen und hermetischen Weisheiten, auch die Chaldäischen Orakel, galten als die ältesten Urkunden göttlicher Weisheiten. Menschliches Wissen aus der Historie hatte also den homogenen Charakter von Weisheit und von philosophisch-theologischen Wahrheiten.

2. Die methodische Ordnung der Historie

Das Feld von Historie wurde mit Logik und Topik erschlossen. Die Topik setzte Historie als Sammlung von Praecepta, Weisheiten, Loci communes, die wissenschaftlich homogen waren, voraus und machte es dadurch möglich, daß sie methodisch, nach Inventio und Dispositio bearbeitet wurden. Die theoretische Verarbeitung eines solchen Feldes von Weisheiten wurde geleistet mit der Fassung von Methode, die seit Petrus Ramus (gestorben 1572, Märtyrer der Bartholomäusnacht) Konjunktur bekam, mit der Interpretation von Judicium als Definitio und Divisio historischer Loci. Die Invention zeigte den Reichtum eines historischen Wissens in allen Künsten, und die Judicia = Dispositiones ordneten dieses Wissen den Disziplinen der Universitätswissenschaften zu.
Eine solche Ordnung von historischem Wissen ging nicht auf Kategorialbegriffe aus, wollte keine Konstitutions-

begriffe analysieren, die das Wissen schlechthin ausmachten. Als Ergebnis einer Dispositio konnte also nicht eine Tabelle von irreduziblen kategorialen Begriffen erscheinen, die dann durch Synthese und Kombinatorik den Sinn der Begriffe erklären konnten, die Oberbegriffe der Disposition gewesen waren. Die Disposition teilte vielmehr so auf, daß die einzelnen Zweige der Wissenschaften aus der Historie mit ihrem Stoff, mit ihrer Literatur versorgt wurden. Die Disposition der Wissenschaften hatte die Ordnung innerhalb der historischen Erfahrung zum Ziel, nicht die Beschreibung ihrer Bedingungen. Historie war deshalb keine Wissenschaft aristotelischen Typs, keine Theoria, sondern zweckmäßig gegliederte Erfahrung aus Natur und Geschichte. Literaturgeschichte war dann Bücherkunde und Ordnung nach der allgemeinen Literärkunde und nach der Kunde der Disziplinen: Historia litteraria, Mathesis, Grammatik, Lexikon, Ars critica, Ars hermeneutica, Arc poetica, Musica, Historia philosophiae, Genealogia, Geographia und Heraldik, Medizin, Historia Jurisprudentiae cum Civilis, cum Ecclesiasticae, Historia theologiae, de necessitate et utilitate litterarum in re publica.[9] Topoi, Bücherkunde und Disziplinenkunde kennzeichneten die topischen Universalwissenschaften, die Ausrichtung dieser Polyhistorie war allgemeine internationale Gelehrsamkeit, und ihre Literatur war gelehrte Literatur.

9 Chr. A. Heumann: Conspectus rei publicae litterariae, 6. Aufl. Hannover 1753, Cap. v, De Fatis Disciplinarum.

II. Logik und Veränderung. Leitbegriffe topischer und geschichtlicher Wissenschaft

Analysiert man dieses Konzept der Historie, dann handelt es sich um eine Wissenskonzeption, die mit *zwei konstanten* Begriffen und einer Variablen arbeitet: Konstant sind die Fakten und Weisheiten im Schatz der Geschichte sowie die Topik ihrer Ordnung. Variabel ist der Grad der Erudition, die an diesen Weisheiten partizipiert.

Konstante I: Das Feld der Historie, das göttlich offenbarte Wissen in Natur und Geschichte, ist zeitlos und wahr. Konstante II: Es bleiben die Prinzipien der historischen *Topik*: Inventio und Judicium gleich. Das Judicium, das identisch mit Dispositio ist, ordnet die Inventionen nach den aristotelischen Definitionsmerkmalen καθ' ἀυτό (Homogenität), κατὰ παντός (Allgemeinheit), καθόλου πρῶτον (Deduktion) (2. Analytik, Kap. IV)[10] und

10 Ob diese Loci aus der 2. Analytik IV, 73a so richtig interpretiert sind, ist undeutlich.
Κατὰ παντός heißt bei Aristoteles das, was immer von etwas ausgesagt werden kann, z. B. Lebewesen von Mensch, es ist also etwas wie Gattungsbezeichnung. Bei Ramus heißt das Lex sapienitae, und es bezeichnet Allgemeinheit.
καθ'ἀυτό ist bei Aristoteles so etwas wie ein notwendiges Konstituens: z. B. sind Linien und Schnittpunkte fürs Dreieck καθ' ἀυτό. Bei Ramus ist das Lex lustitiae und bezeichnet Homogenität.
καθόλου πρῶτον sind bei Aristoteles Begriffe, die notwendig aus einem anderen Begriff folgen, wie etwa die Winkelsumme von 180 Grad aus dem Begriff des Dreiecks folgt. καθόλου πρῶτον kann auch als axiomatische Evidenz interpretiert wer-

wird als »Methodus« und »Systema« beschrieben. Das Ergebnis eines solchen wissenschaftlichen Verfahrens: »Systema methodicum certorum praeceptorum de re aliqua scibili utilique traditorum ad erudiendum et perficiendum hominem«. (Methodisches System von sicheren Vorschriften über alles überlieferte Wißbare und Nützliche, um den Menschen zu bilden ⟨erudire = entrohen⟩ und zu vervollkommnen) – eine Definition, die aus Lukian übernommen war und den Begriff von »Systema« im 17. Jahrhundert festlegte.[11]

Die einzige Variable: Erudition, die steigerungsfähig ist. Die Steigerung der Erudition und die Verbesserung des Menschen, wissenschaftlicher Fortschritt also und ethisch moralischer Nutzen.

Nun haben die aristotelisch-ramistischen Definitionsmerkmale Homogenität, Deduktion, Allgemeinheit, die als Ordnungskriterien an die Historie angelegt wurden, den Charakter, den logisch »sekundäre Intentionen« haben. Sie sind nicht Zeichen von Zeichen (das wären nach Ockhamscher Logik sekundäre Impositionen, also hier die Disziplinen oder Wortformen), sondern sie sind Begriffe, die logisch oberhalb des Feldes von Historie liegen, sie sind Zeichen einer höheren Ordnung, die auf Zeichen angewandt werden.[12] Sie sind Actus mentis, und ihre Lei-

den. Bei Ramus wird daraus Deduktion, und das Gesetz heißt Lex Veritatis.

11 Vgl. Schmidt-Biggemann: Topica universalis, Hamburg 1983, S. 82f.

12 Erste Intention: Beziehung aufs Objekt. Zweite Intention: Beziehung des intellectus agens auf seine Ordnungsbegriffe; Seinsmodus dieser zweiten Intentionen: Gedankendinge.
Unterteilung Ockhams und anderer mittelalterlicher Logiker: Secundae impositiones = nomina nominum. Secundae intentiones = notiones notionum = Kategorialbegriffe.

stungsfähigkeit hängt davon ab, daß sie für die Historie = Erfahrung kategorial stets zur Verfügung stehen, ohne ihr zu entstammen oder von ihr abhängig zu sein. Zugleich müssen sie, um auf sprachlich formulierte Erkenntnisse wie Historie anwendbar zu sein, selber sprachlichen Charakter haben.[13]

Weder gibt es für den Inhalt der Weisheiten der Historie noch für die logischen Dispositionskriterien, die »Methode«, einen Zeitindex. Beide dürfen sich nicht entwickeln, sie leiden keine Veränderung, wenn dieses Modell von Wissenschaft überhaupt funktionieren soll. Entwicklungsfähig ist nach Maßgabe der Entdeckung weiterer Wissensgebiete mit Hilfe der Methode nur der dritte Bereich, die Erudition, die inhaltlich aus dem invenierten Wissen besteht und das Wissen zu verwalten, aufzuschreiben und zur Verfügung zu halten hat. Das Wissen der Erudition steigert sich, indem der Anteil am Bereich des Wißbaren, der durch Methode inveniert wird, steigt.

Für diesen Begriff von Historie ist ein logisches Kriterium wichtig, das Leibniz für die »Scientia universalis« (im Anschluß an scotistische Traditionen[14]) aufgestellt hat: Die

Scotus: »Intentio secunda est relatio rationis pertinens ad extremum actum intellectus componentis et dividentis vel solum conferentis unum ad alterum.« Ord. 1, d. 23.

13 Das macht im übrigen die Ockhamsche Unterscheidung von sekundären Intentionen und sekundären Impositionen zweifelhaft.

14 Bei Scotus selbst habe ich »Compossibilitas« nicht gefunden, wohl incompossibilitas. Compossibilitas findet sich im *Repertorium locupletissimum tam librorum sententiarum, quam qodlibetarum Doc. subtilis Johannis Duns Scoti* von Hieronymus de Ferrariis, Venedig 1588, S. 218f. s.v. *Possibilitas* 9 und verweist auf 1 d2 quaest. 4b der Ordinatio. Dort findet sich in den neueren Ausgaben »possibilitas« und »incompossibilitas«.

Fassung des Satzes vom Widerspruch als Kompossibilität aller Bestimmungen in Gott. Der Satz des Widerspruchs wurde so beschrieben, daß etwas nur dann als möglich galt, wenn es keine kontradiktorischen Prädikate hatte. Ein dreieckiges Viereck war also unmöglich. Das galt für Gott und seine Schöpfung, das war die logische Fassung der zeitlosen Weisheit Gottes, die logische Fassung der Historia sapientiae.

Raum war für Leibniz die Ordnung des Simultanen, Zeit die Ordnung der Folge.[15] Nun blieb die Definition von Zeit als Ordnung der Folge bei Leibniz zweideutig, und sie ist auch nie in bezug auf die zeitlose Kompossibilität der Prädikate in Gott hin eingelöst worden. Ein Geschichtsbegriff, der sich in die Kompossibilität aller Gedanken in Gott auflösen läßt, hatte nämlich im Bezug auf die biblische Geschichte eine zentrale Schwierigkeit: Die Geschichte vom Sündenfall und von der Erlösung ist logisch nicht einlösbar. Betrachtet man die Logik dieser heilsgeschichtlichen Schlüsselsituationen, dann ereignet sich historisch folgender Widerspruch: Einmal ist ein Status vorhanden, der die Gnade Gottes in sich enthält, nämlich der paradiesische Zustand, beim anderen Mal, nach dem Sündenfall, ist dieses nicht der Fall. Und dieses ist im Bezug auf die Güte Gottes eine Antiphasis, eine Contradictio, ein logischer Widerspruch. Ergebnis: Zeit macht anscheinend logisch unmögliche Kontradiktionen wirklich; und dann ergeben sich folgende Probleme:

1. Wie ist in der Kompossibilität der Gedanken des not-

15 Leibniz: Philosophische Werke, hg. von C.I. Gerhard, Bd. 2, S. 269. Briefwechsel mit de Volder. »Nempe spatium nihil aliud est quam ordo existendi simul possibilium, uti tempus est ordo existendi successive possibilium. Et ut corpus physicum se habet ad spatium, ita status seu rerum series se habet ad tempus.«

wendig guten Gottes Sündenfall und gute Schöpfung zugleich möglich? Das ist die logische Fassung des Theodizeeproblems.
2. Wenn es zwei Zustände gibt, die nach dem Prinzip des Widerspruchs zusammen nicht existieren können, wie kann ihr Verhältnis zur Logik sein: Gilt die Logik etwa nur für potentielle Gleichzeitigkeitsverhältnisse?
3. Wenn das aber der Fall ist, verlangt die Nachzeitigkeit dann eine andere Darstellungsform, und wie wäre die zu beschreiben? Dann wäre die Veränderung, die sich nicht auf Kompossibilität aller Begriffe reduzieren läßt, selbst als Faktum unhintergehbar.
Bei einer solchen, nicht mehr hintergehbaren Veränderung gäbe es keine Begründungsmöglichkeit dafür, Logik (wenn sie sich aus der Analyse des Begriffs »Sein« erarbeiten läßt) auf Geschichte applikabel zu machen, denn die Veränderung läge ja selbst den Regeln der Logik zugrunde. Daraus entstehen nun zwei ganz fundamentale Folgen: 1. Die Logik unterliegt selbst in ihrer notwendig zeichenhaften Verfaßtheit und damit in ihrer Sprachlichkeit der Veränderung. 2. Veränderung kann dann nicht mehr logisch gefaßt werden, sondern muß nacherzählt werden. Geschichte als Veränderungsgeschichte, die Widersprüchliches enthält, ist dann aber immer irrational – sofern Rationalität am Satz des Widerspruchs orientiert ist. Das Faktum der Veränderung kann nur mimetisch dargestellt, erzählend nachgeahmt werden. Die Darstellungsform der Veränderung ist Narration, die Bedingung der Narration ist das Innebleiben im kontinuierlichen Veränderungsprozeß der Geschichte. Nicht mehr ist die Folge notwendig und vollständig in der Ursache enthalten.[16] Und genau hier vollzieht sich die Umwandlung von

16 2. Newtonsches Gesetz.

der topischen Universalwissenschaft zur Historisierung. Sie vollzieht sich an der Neuinterpretation der Paradiesgeschichte.

III. Geschichtliche Bildung

Man kann diese Veränderung als Verzeitlichung des Begriffs Historie interpretieren, und man muß sie als Wechsel innerhalb der wissenschaftsgeschichtlichen Leitbegrifflichkeit werten, als den Wechsel von der Dispositionslogik einer Geschichte zum Bildungskonzept von Geschichte. Wahrscheinlich hat Herder, der für diese Innovation wesentlich verantwortlich ist, die Folgelasten seiner Innovation nicht absehen können, noch weniger als Hamann. Die Folge jedenfalls des neuen Bildungskonzepts ist eine historische Neukonzeption von Sprache und Literatur, Wissenschaft und Kunst. Diese Neukonzeption beginnt mit dem Sprachursprungsstreit. Zweckmäßigerweise unterscheidet man dabei drei Positionen:

1. die logischen Argumente Johann Peter Süßmilchs, des Mitglieds der Berliner Akademie und des Theologen, der 1756 die These vom göttlichen Sprachursprung vertrat;
2. die Kunsttheorie Johann Georg Hamanns in der »Aesthetica in nuce« (1762);
3. Herders Bildungskonzept.

1. Süßmilchs Sprachursprungstheorie

Süßmilch argumentierte in seinem »Versuch eines Beweises, daß die erste Sprache ihren Ursprung nicht von den Menschen, sondern allein vom Schöpfer erhalten habe« (geschrieben 1756, gedruckt 1766 in Berlin) ganz auf dem Boden einer unveränderlichen Logik, in der Sprache und Vernunft fest verschränkt waren. In seiner Vorrede faßte er zusammen: »Mein ganzer Beweis beruhet auf wenigen Sätzen und lässet sich leicht einsehen. Mein erster Satz ist: Die Sprache ist das Mittel, zum Gebrauch der Vernunft zu gelangen, ohne Sprache oder andre gleichgültige Zeichen ist keine Vernunft... Wer also Werke des Verstandes will hervorbringen, der muß sich im Gebrauch der Sprache befinden. Der zweite Satz ist: Die Sprache oder der Gebrauch der lautbaren Zeichen ist ein Werk des Verstandes, und zwar eines sehr großen und vollkommenen Verstandes, der alle Zwecke übersehen und der das ganze Sprachgebäude nach selbigen einrichten können, welches aus der Vollkommenheit der Ordnung der Sprache unleugbar erhellet: Folglich hat derjenige, welcher die Sprache gebildet hat, sich schon im Gebrauch der Vernunft befinden müssen. Könnte der Mensch für den Erfinder angenommen werden, so müßte er sich schon vor Erfindung der Sprache in dem Gebrauch einer Sprache befunden haben, der Mensch müßte ohne Sprache klug und vernünftig gewesen sein, welches doch als unmöglich erwiesen ist. Daher bleibt uns nichts als der göttliche Verstand übrig.«[17] Geht man von der schlechthinnigen Geltung der Logik aus, ist gegen diese Argumentation kein Kraut gewachsen. Setzt man ein Geschichtskonzept dagegen, unterliegt

17 Süßmilchs Versuch eines Beweises..., Vorrede, unpag. gegen Ende.

auch die Logik dieser Geschichte. Mit einem theologischen Geschichtskonzept geschieht das 1762 in Hamanns »Aesthetica in nuce«, das Ergebnis ist

2. Hamanns neues Konzept von Kunst

Hamann nimmt die Herunterlassung Gottes auch literarisch ernst. Er geht nicht aus vom allwissenden, philosophischen, widerspruchsfreien Gott, sondern von dem, der sich in die Sinnlichkeit herunterläßt – das ist eine zutiefst christologische Interpretation auch der Natur. Hamanns Gott ist der handelnde, nicht der intellektuelle Gott: »Rede, daß ich dich sehe! – Dieser Wunsch ist durch die Schöpfung erfüllt, die eine Rede der Kreatur durch die Kreatur ist« (198),[18] keineswegs eine Rede Gottes an den Menschen, sondern eine Rede, die durch die Sinnlichkeit des Geschaffenen sich darstellt. Der Schauplatz des Menschen, die Natur, wurde durchs Wort, die Schöpfung des Menschen aber »Aus einem Erdenkloß« (200). Aus dieser Herablassung Gottes nicht nur in die Natur, sondern in die Sinnlichkeit des Menschen, aus dieser Anwesenheit Gottes in der Niedrigkeit ist das Verachtete und Verborgene, der sinnliche Anfang der heiligen Literatur zum eigentlichen Ausweis der Offenbarung geworden. »Endlich krönte Gott die sinnliche Offenbarung seiner Herrlichkeit durch das Meisterstück des Menschen. Er schuf den Menschen in göttlicher Gestalt – zum Bilde Gottes schuf er ihn« (198). Erst durch die Herunterlassung in die Sinnlichkeit wird die Besonderheit der *Heiligen* Literatur deutlich: Die Sinne und die Leidenschaften, die das ei-

18 Zitate aus: Hamann: Aesthetica in nuce. Sämtliche Werke Bd. 2, 1950, S. 195-216.

gentliche Indiz von Gottes Herunterlassung zum Menschen sind, »reden und verstehen nichts als Bilder. In Bildern besteht der ganze Schatz menschlicher Erkenntnis und Glückseligkeit« (197). In diesen Bildern ist die Sprache himmlisch, ist Sprache Engelssprache (199). Und genau wegen dieser göttlichen Sinnlichkeit in der Herunterlassung ist »Poesie die Muttersprache des menschlichen Geschlechts, wie der Gartenbau, älter als der Acker, Malerey – als Schrift, Gesang – als Deklamation: Gleichnisse als Schlüssel, Tausch, als Handel« (197).

Geschichte ist bei Hamann ernstgenommen als die Geschichte des Gottes, der sich in seiner Schöpfung sinnlich entäußert. Sinnlichkeit hat deshalb theologische, göttliche Dignität. Deshalb ist der Ursprung der Geschichte nicht die abstrakte adamitische Weisheit, sondern die konkrete adamitische Sinnlichkeit – aus dieser Sinnlichkeit entwikkelt sich heilige Dichtung und Kunst früher als pagane Wissenschaft und Abstraktion.[19]

Fazit: Es bleiben Poesie und Kunst theologisch begründet, aber Poesie und Kunst bekommen durch das Konzept der göttlichen Sinnlichkeit eine neue Dignität. Das Alte bleibt das Ehrfürchtige, aber die alten Quellen sind als Kunst spezifiziert, die Dignität der Kunst ist mit heiliger Sinnlichkeit theologisch allererst begründet. Die alte, logische, die nicht sich verändernde Weisheit der Philosophen wird als spät, als heidnisch, als sekundär dargestellt: »Blinde Heyden haben die Unsichtbarkeit erkannt, die der Mensch mit Gott gemein hat« (198). Damit ist die

19 Es ist unsicher, ob Hamann Humes »Natural History of Religion« von 1757, die den Prozeß der Entsinnlichung vom Polytheismus zum Monotheismus historisch ähnlich, freilich nicht in apologetischer Absicht, darstellt, schon zur Abfassungszeit der »Aesthetica in nuce« kannte.

Geschichte des menschlichen Wissens neu gefaßt: Der Mensch kennt nicht mehr die göttliche Weisheit durch die Geschichten hindurch, sondern er erkennt an den sinnlichen Geschichten die Geschichte Gottes. Die Geschichte der menschlichen Erfahrung ist umgekehrt: Sie geht von der menschlichen Sinnlichkeit zur abstrakten heidnischen Weisheit und ist so neu gefaßt und theologisch begründet. Geschichte bleibt dabei allemal Heilsgeschichte, Geschichte von Gottes Handeln in der Welt, nicht aber Geschichte des sich emanzipierenden Menschen.

3. Herders Emanzipationsgeschichte der Bildung

Herder nun interpretiert diese Herunterlassung Gottes in die Sinnlichkeit als Akt menschlicher Emanzipation vom Tierreich und vom Paradies neu. Hamann argumentierte noch theologisch mit der Parallelität von Engels- und Menschensprache. Für Herder wird die Sprachbildung der Punkt der Uminterpretation von Sünde in Heil. Der Sündenfall wird als Umkehrungspunkt ernst genommen. Ausgehend von der Offenbarung wird die Geschichte als Veränderung akzeptiert. Aber – das hat Hamann kritisiert –, die theologische Rückbildung der Sprache geht verloren. Sündenfall wird Emanzipation. »Was der Baum der Erkenntnis Gutes und Böses sei?« schreibt Herder schon im April 1768, vier Jahre vor seiner Sprachursprungsschrift, an Hamann: »Was er ist? Er ist das Risquo, das der Mensch auf sich nahm, außer seinen Schranken sich zu erweitern, Erkenntn. zu sammeln, fremde Früchte zu genießen, anderen Geschöpfen nachzuahmen, die Vernunft zu erhöhen, und selbst ein Sammelplatz aller Instinkte, aller Fähigkeiten, aller Genußarten seyn zu wollen, zu seyn wie Gott (nicht mehr wie ein

Tier) und zu wissen etc.«[20] Genau dieses war die Bedingung von Sprache, die aus der »Besonnenheit« des Menschen auf sich selbst entstand, die durch die Unbestimmtheit seiner Lebensenergie in Trieben möglich wurde. Die Sprache war für ihn zugleich Ausdruck des Mängelwesens Mensch als auch des genau daraus erwachsenden Kraftüberschusses, der sich seiner selbst – wie in einem Rückkopplungsakt – bewußt wurde. Und genau so war Sprache Ausdruck natürlicher und Anfang humaner Bildung: »Der Mensch in den Zustand der Besonnenheit gesetzt, der ihm eigen ist, und diese Besonnenheit (Reflexion) zum erstenmal frei würkend, hat Sprache erfunden.«[21]

Dieser neue Bildungsbegriff naturalisierte die Geschichte und verzeitlichte die Natur. Wenn das Faktum der Veränderung der Maßstab auch der Natur ist, wenn sich der Übergang vom Natürlichen zum Historischen durch die Sprach- und Kulturbildung des Menschen vollzieht, wird Geschichte damit zum absoluten Begriff, wird Geschichte zu einem Begriff mit universalistischem Anspruch, zum Universalbegriff einer Theorie: Herders Theorie ist monistischer Historismus und erfüllt damit alle Bedingungen dafür, daß Geschichte zum absoluten Begriff wurde.

Herders Begriff von Bildung nimmt der biblischen Historie auch spekulativ (nicht pragmatisch, wie bei Voltaires »Histoire sur les Moeurs et l'Esprit des Nations«) ihren Sonderrang. Bildungsgeschichte wird die Ge-

20 Hamann: Briefwechsel, ed. Ziesemer/Henkel Bd. II, S. 410. Zum Zusammenhang vgl. Hans Graubner: Origines. Zur Deutung des Sündenfalls in Hamanns Kritik an Herder, in: Bückeburger Gespräche über Johann Gottfried Herder 1988. Älteste Urkunde des Menschengeschlechts. Hg. von Brigitte Poschmann. Rinteln 1989, S. 108-132.

21 Werke I, ed. Gaier, S. 722.

schichte der Kunst und der Kultur und der Religionen der verschiedenen Nationen. Kunst war, seit Hamann, als sinnliche Offenbarung Gottes in der frühesten Phase der Menschheitsgeschichte dargestellt. Bei Herder blieb sie Ausdruck dieser sinnlichen Frühphase der Bildung, wurde aber Ausdruck der ursprünglichen Humanität.

Herder konnte sich der theologischen Implikationen seiner These durchaus bewußt sein. Sein Bildungskonzept historischer Individualitäten machte die Vorstellung des einen, von der Weltgeschichte vorausgesetzten Gottes, der immer schon bekannt gewesen war, obsolet. Herder kannte Humes »Natural History of Religion« (1757), in der Polytheismus als die historisch älteste Form des Gottesglaubens beschrieben worden war und Monotheismus als späte philosophische Religionsfigur erkannt wurde. Diese skeptische Position konnte durch Hamanns ästhetische Christologie und mit seinem Offenbarungsglauben nicht aufgehoben werden; und Herder hat diese Aufhebung des ursprünglichen Polytheismus auch gar nicht versucht. Vielmehr hat er auf der Basis seines geschichtlichen Bildungskonzepts den Polytheismus und die Humesche Begründung akzeptiert. »Den Völkern im Zeitalter ihrer Kindheit« – referiert Herder Hume – »war die ganze Natur, die ihnen schaden oder nützen konnte, in allen ihren Teilen und einzelnen Veränderungen und Schicksalen Gottheit – ein Pantheon lebendiger Wesen, die für oder gegen die Menschen wirkten; und ihre ganze Religion dieser Wesen Furcht und Aberglaube.

Der Weltweise Hume hat diesen Satz aus der Geschichte und der menschlichen Natur bewiesen.«[22]

22 Herder: Werke, ed. Suphan Bd. XXXII, S. 148. Vgl. G. Gawlick und L. Kreimendahl: Hume in der deutschen Aufklärung.

Gemeinsames Indiz dieser polytheistischen Völkerkindheit waren für Herder die »mythologischen Nationalgesänge.«[23] Herders Geschichtsuniversalismus verhinderte die Konfrontation von Monotheismus und Polytheismus. »Man sieht«, schrieb er in einem frühen Entwurf »Über die verschiedenen Religionen«, »daß, wenn ich als Weltweiser reden will, ich alle Religionen gleich natürlich und menschlich halte; ohne daß doch meine Natur dem Uebernatürlichen und meine Menschlichkeit der Gottheit entgegengesetzt seyn darf.«[24]
So löste der absolute Geschichtsbegriff bei Herder den Gegensatz von Polytheismus und Monotheismus, den Gegensatz von Religionsbildung aus Furcht und Offenbarung aus Liebe in einer undeutlichen Vorstellung von historisch-theologischer Humanitätsverwirklichung auf.[25] Damit war die Sprengkraft des absoluten Begriffs von Geschichte kaschiert. Humanität sollte Ausgang und Ziel von Herders Geschichtskonzeption bleiben, aber es

Umrisse einer Rezeptionsgeschichte, Stuttgart-Bad Cannstatt 1987.

23 »Von den allerersten Nationalgesängen« in: Werke, ed. Suphan Bd. XXXII, S. 152.

24 Herder: Werke, ed. Suphan, Bd. XXXII, S. 148.

25 In seinen 15 §§ zu Humes »Natürlicher Geschichte der Religion« betont Herder einerseits die Entstehung der Religion aus Furcht und Hoffnung (§ 8), er referiert auch die Folge aus Hume, die »Grundsätze der Religion sind secundary«, aber Herder rettet sich in diesen Betrachtungen in die natürliche Theologie, fällt sozusagen wieder ins leibnizsche Modell. Der Geschichte der Benennung der »unbekannten Ursachen« (§ 8) werden Natur und Gerechtigkeit entgegengesetzt, die Merkmale des vorhistoristischen Gottesbegriffs. »So fremd indessen die wahre Idee Gottes ist, so wenig kann man sie mißkennen; in der ganzen Natur herrscht ein Plan; in allen Schicksalen compensation.« Zitate: Herder: Werke, ed. Suphan, Bd. 32, S. 193-197.

scheint, daß die Semantik des Geschichtsbegriffs die Normreste der Humanität aufsog.
Warum sollte Geschichte, die als Bildungsgeschichte von Individuen begriffen wurde, im humanen Rahmen bleiben? Wer oder was konnte Geschichte an Humanitätsnormen binden? Nur Wunschdenken, Restbestände der natürlichen Theologie und Theodizee, konnte die Bildung von Individualitäten human und theologisch bestimmt denken. Die Individualität geschichtlicher Bildungen war, das zeigte sich bei Herders Auseinandersetzungen mit Humes »Natural History of Religion«, theologisch-philosophisch nicht mehr zu normieren. Ein Gott, dessen Wesen philosophische Abstraktion war, der nicht ursprünglich, sondern nachgekommen war, konnte nicht zugleich vorher in den Individuen der Völker, die ihn erzeugten, die Geschichte, die Sprache, das Denken, die Humanität bestimmen. Der absolute Anspruch des Monotheismus war durch den absoluten Anspruch der Geschichte substituiert.
Das zeigte sich paradigmatisch an der Sprache. Die Partikularität der Sprachen, die die nationalen Individualitäten zu Charakteren prägten, waren konstituierender Teil der individuellen, das ist der einzig möglichen, realen historisch-natürlichen Bildung. Dieser Bildungscharakter definierte die Nationen in ihrer Identität und Differenz aus der Geschichte ihrer Sprache und Kultur. Anders als bei den Aufklärungsautoren, denen der Anteil des jeweiligen sprachlichen Ingeniums im internationalen Kulturkonzert wichtig war, war der Nationalcharakter für Herder die einzige mögliche Realisierung, das ist historische Individualisierung von Kunst, Kultur und Sprache. »Wenn also jede ursprüngliche Sprache, die ein Landesgewächs ist, sich nach ihrem Himmel- und Erdstriche

richtet: wenn jede Nationalsprache sich nach den Sitten und der Denkart ihres Volkes bildet: so muß umgekehrt die Literatur eines Landes, die ursprünglich und national ist, sich so nach der originalen Landessprache einer solchen Nation formen, daß eins mit dem anderen zusammenrinnt. Die Literatur wuchs in der Sprache, und die Sprache in der Literatur: unglücklich ist die Hand, die beide zerreißt, trüglich das Auge, das eins ohne das andere sehen will.«[26]

4. Wissenschaftsgeschichtliche Folgen: Geschichte als Wissenschaft

Sprache, Nation, Literatur sind damit Grundbegriffe der Geschichte individueller Bildungen. Aufgrund dieser Voraussetzung eröffnete sich ein neuer Weg zu den Nationalphilologien, der sich – in Wörterbüchern und Märchen, in Mythologien als nationalen sprachlich-kulturellen Vorgeschichten und in Rechtsgeschichten – als Nationalbildung beschreiben läßt.[27]

Die Nationalphilologien und die aus ihnen folgenden historischen Philologien bis hin zur Indogermanistik historisierten die Sprache und betrieben Grammatik als historische Grammatik. Die nationalen Mythologien besiegelten das historische Ende des »ursprünglichen Monotheismus«. Vergleichende Religionswissenschaft wurde möglich, zugleich bekamen die Mythen den Cha-

26 Fragmente I, Über Sprache überhaupt, 1766, 2. Auflage 1768, Herder: Werke I, S. 81.

27 »weil ich lernte, daß seine sprache, sein recht und sein alterthum viel zu niedrig gestellt waren, wollte ich das vaterland ehren.« (J. Grimm: Vorrede zur dt. Mythologie, Berlin 1844, S. XLI)

rakter von Kunst. Die nationalen Rechtsgeschichten schlossen im 19. Jahrhundert wegen des absoluten Geschichtsbegriffs das Naturrecht aus ihrem Geltungsbereich aus. Das war ein deutlicher Terrainverlust für das überzeitliche Vernunftrecht, und das hatte, in Deutschland zum Beispiel, zur Folge, daß Friedrich Carl v. Savigny 1814 die Schaffung eines allgemeinen Bürgerlichen Gesetzbuches für das Deutsche Reich verhinderte.[28] Und häufig vertraten dieselben Autoren verschiedene Gebiete dieser Wirkung des Bildungsbegriffs. Jakob Grimm konzipierte das Deutsche Wörterbuch, die Mythologie, die historische Grammatik, schrieb bei den Märchen mit, edierte Rechtsaltertümer. Karl Simrock edierte und übersetzte mittelhochdeutsche Epen, schrieb auch eine germanische Mythologie. Andreas Häußler verfaßte eine germanische (Privat-)Rechtslehre, schuf eine neue Verslehre, tat sich mit Editionen hervor. Friedrich Max Müller schließlich, der Begründer der vergleichenden Religionswissenschaft in Oxford, verband Mythos, Sprachgeschichte und Philologie.[29] Alle diese »romantischen« Philologen nahmen – je länger, desto selbstverständlicher – das Herdersche Muster der »Lebensphilosophie« auf: daß nämlich die Geschichte als Bildungsgeschichte der absolute Begriff sei, der uns Begreifen allein als Nachvollzug dieser Bildung ermöglichte.

Wie das meiste, so hat auch die Verzeitlichung, die Verschiebung von der Gleichzeitigkeit zum absoluten Begriff

28 Vom Beruf unserer Zeit für Gesetzgebung und Rechtswissenschaft (1814).

29 Max Müller: History of Ancient Sanscrit Literature (1859). Essay on Comparative Mythology (1858). Lectures on the Origin and Growth of Religion as Illustrated by the Religion of India (1878). Contributions to the Science of Mythology (1887).

von Geschichte, ihren Preis: Der Nachvollzug dessen, was gewesen ist, absorbierte die Möglichkeit von Normen. Weder blieb die Möglichkeit, Wahrheit formal zu kontrollieren, noch blieb ethische Verbindlichkeit beschreibbar. Unter dem absoluten Begriff von Geschichte gibt es nur noch Tatsachen. Die geschichtlichen Disziplinen Natur-, Sprach-, Rechts- und Literaturgeschichte erzählen die Entstehung dieser Sachverhalte in einer Art abstrahierter Mustergeschichte nach. Der Preis dieses Narrativismus: Alle diese Geschichten setzen sich durch diesen Absolutismus der Geschichte außerstande, eine andere als die geschichtlich bildende Vernunft von innen her auch nur wahrzunehmen.

B. Metamorphosen der Macht

I. Drei Kapitel aus Nietzsches Naturgeschichte der Hinterwelt

1. Der Absolutismus der Moralität und das Faktum der Veränderung

Was sich jetzt zeigt und einmal nicht zu sehen war, belegt das Faktum der Veränderung. Dieses Faktum als Entzweiung eines ursprünglich Einen zu interpretieren, heißt Bewegung auf Ruhe zurückzuführen und dem Phänomen des Neuen sowie dem Paradox der Kontinuität gegenüber blind zu sein. Daß sich etwas ändert, macht das phänomenale Elementarereignis aus. Dieses Faktum scheint unhintergehbar zu sein, ein absoluter Begriff von Geschichte. Das betrifft auch Sprache. Wenn aber Sprache bis in ihre grammatische und semantische Struktur ihre Geschichte hat, dann suggeriert dieser absolute Begriff von Geschichte, daß es einen Status gegeben hat, der auch ohne Sprache und damit ohne die semantischen Sprachinhalte Gut oder Böse auskam. Denn Gut und Böse sind an die Geschichte des Menschen und seiner Sprache gebunden, und die ist endlich: Folglich haben auch Gut und Böse ihre Geschichte.

Das alte, schon platonische Problem ist nun, daß es dem Begriff des Guten so geht wie dem des Dreiecks: Es beansprucht für sich, sich dieser Geschichte zu entziehen. Daß das Gute den Anspruch hat, »daß es so sein solle«, daß es also verwirklicht werden »will«, ist ein semantisches Merkmal, ohne das »gut« nicht denkbar ist. Das Gute normiert also die Natur und kann folglich von der Natur nicht normiert werden. Es entzieht sich mithin der Veränderung durch die Naturgeschichte, wenn es selbst seinen Begriff nicht verlieren will. Denn nur, wenn sich der Formalanspruch des Guten, getan werden zu sollen, nicht ändert, bleibt es als Gutes verständlich. Gegenüber einem absoluten Begriff von Geschichte beansprucht das Gute selbst, absolut zu sein, das ist sein Formalanspruch.

Da zeigt sich nun ein beträchtliches Dilemma: Der begriffliche, semantisch unhintergehbare Absolutismus des Guten, identisch mit dem Absolutismus der Moralität, ist hier konfrontiert mit dem Faktum der Veränderung, ebenfalls einem absoluten Begriff, mit dem absoluten Begriff der Geschichte.

Konsequenzenmacherei gehört zum philosophischen Geschäft. Wenn meine Konsequenzenmacherei stimmt, dann ließ die Herdersche Sprachtheorie einen Geist aus der Flasche. Denn wenn Sprache Kompensation des menschlichen Triebspezifikationsmangels war, dann waren die Bewußtseinsinhalte der Moral Funktion unserer Mängelnatur, sie waren zweitrangig gegenüber dem Leben. Nicht mehr konnte die Moral die Natur bändigen. Der Begriff der Natur trat dagegen doppelt auf: einmal als Natur, die ihre Geschichte, ihr Leben hatte, zum andern als die Natur, die der Unnatur Moral entgegengesetzt war. Aber dann war Moral selbst nur ein Teil Naturgeschichte, sie galt nicht aus sich, sondern ihr Absolutheitsanspruch hatte seine Autorität, weil Moral eine Geschichte hatte, aus dem Potential eben dieser Naturgeschichte.

2. Die Genealogie der Moral

Daß die Moral sich aus dem Potential der Naturgeschichte erklären lasse, war die Argumentation Nietzsches. Der Titel: zur *Genealogie* der Moral suggerierte eine Logik des Werdens, eine Logik freilich, die man nicht als innere Logik einer Sache begreifen konnte. Die innere Logik einer Sache beschreibt, wie eine Sache, aus mehreren Einheiten bestehend, möglich ist, die Logik der »Kompossibilität«. Der Beweis einer Möglichkeit liegt im Beweis der Nichtwidersprüchlichkeit der Teile einer Sache. Eine solche Begründung ist unterschieden von einer Begründung, die berichtet, wie etwas geworden ist. Wenn man erzählt, wie etwas geworden ist, erzählt man die Geschichte von etwas, was vorher in einer bestimmten Weise war und nachher in einer anderen. Das, was geworden ist, ist also zugleich identisch und doch different. Das Muster ist wie bei den Werbephotos für die Diät: Vorher: der Dicke, nachher: der Dünne. Die dargestellten Personen sind identisch und doch kaum wiederzuerkennen.

Genauso ergeht es auch der Moral. Nietzsche geht davon aus, daß der Begriff *gut* zwei Gegensätze hat. Das bedeutet für den Begriff des Guten die Unterstellung, es handele sich mindestens partiell um eine Äquivokation, also um etwas, was sowohl identisch als auch nicht identisch ist. Nietzsche nimmt nun das Ergebnis dieses Befundes, die Doppelheit des Guten und erzählt eine Muster-Geschichte, um diese Doppelheit plausibel zu machen.

Seine Geschichte sieht so aus: In der Natur, die nicht menschlich, sondern unbekümmert um Menschen ist, setzt sich – und das ist darwinistisches Gemeingut – die stärkere = bessere Gattung/Rasse durch. Man muß sich diese Machtausübung des Stärkeren im natürlich-menschlichen Bereich als Strafen des Unterlegenen vorstellen. Nietzsche – nicht zimperlich mit starken Bildern – spart für die Darstellung nicht mit drastischen Beispielen: die Mißhandlung von Gefangenen aus purer Machtlust, der lustvolle Vollzug von Körperstrafen[1] angefangen vom Schinden und endend beim Rädern, die Strafe der Schuldner gerade dann, wenn sie im modernen »humanen« Sinne unverschuldet in ihr Unglück geraten sind.[2]

Entscheidend: Strafe und Rache sind für den lustvoll Lebenden identisch; und hierher fällt auch die Metapher von der »blonden Bestie«. Nur im zähen Gedächtnis der Schwachen, der Unterlegenen – in der Höhle des Ressentiments (wo der Gewissenswurm nagt) – haftete die Vorstellung vom starken, schrecklichen Leben, das in den rücksichtslos Herrschenden sich zeigt.

Deren Gut, das Gute des Lebens, ist immer das Stärkere, das je auf seine Machtsteigerung aus ist. Denn das »Wesen des Lebens« ist »der Wille zur Macht«[3] und als solche Steigerung der stete Wille zur Veränderung. Das Nicht-Gute ist deshalb »natürlich« das Schlechte, warum sollte man »natürlich« – und diese Natur ist der Garten auch des Menschlichen, aber welches Menschlichen? – warum sollte man »natürlich« überhaupt vom Bösen reden? Das Gute kommt nur relativ zur Stärke vor und das Schlechte,

1 Die Beispiele und ihre Herkunft aus dem Römischen Recht. Vgl. die Mag.-Arbeit von G. Hartung: Max Webers Herrschaftssoziologie im Kontext. Die unwiderstehliche Rationalisierung der Weltbilder. 1989.

2 In schlimmen Zeiten hat man Mitleid in solchen Fällen Humanitätsduselei genannt. Das erste Vorkommen dieses Worts habe ich nicht klären können.

3 F. Nietzsche: Genealogie der Moral, Sämtliche Werke 5, Krit. Studienausg. S. 316.

Unnütze, Lebensunwerte nur relativ zur Schwäche. Was soll da ein absolutes Gutes?
Gleichwohl gibt es die Vorstellung des absolut Guten, und nur die Vorstellung des absolut Guten garantiert die Moral. Um plausibel zu machen, wie etwas eigentlich Unplausibles wie diese Vorstellung des absolut Guten zustande gekommen ist, muß also die Muster-Denunziationsgeschichte erzählt werden, das ist die Geschichte des Ressentiments.[4] Ressentiment ist so etwas wie ein Selbstbezug ohne Lebensüberschuß, eine Art Gedächtnis-Nachkarten der Schwächeren. Und diese Schwächeren, wo sie schon verloren haben, brauchen etwas Sicheres, was ihrer Schwäche Halt gibt. Zu diesem Zwecke – zu Kompensationszwecken also – dient *das* Gute, das dem Bösen entgegengesetzt ist. Dieses Gute zeichnet sich dadurch aus, daß es unnatürlich, ja durch seine Herkunft widernatürlich ist. Denn die Ersatzvorstellung für die schmerzlich vermißte eigene Stärke, das sublimierungsbedürftige Ressentiment, die Häme der schwachen Gedächtnisvirtuosen entwickelt den ohnmächtigen Anspruch, daß das unveränderliche Gute als Gegenwelt zur lebendigen Natur, als Hinter-Welt, als ohnmächtige eingebildete Anspruchswelt gegen den Willen zur Macht existiere.
Es geht mithin zugleich um die Entstehungsgeschichte der »Hinterwelt« (Nietzsches Übersetzung von »Metaphysik«), um die Entstehungsgeschichte also der Metaphysik, die an einem stabilen Gottesbegriff hängt, der sich vom funktionalen Gedacht-Werden zu einer unveränderlichen extramentalen Realität an den eigenen Haaren aus dem Sumpf der bläßlichen Ressentimentsexistenz gezo-

4 Der Begriff Ressentiment könnte mit »Besonnenheit« übersetzt werden, aber er meint nicht ganz dasselbe wie bei Herder.

gen hat. Wer im Leben lustvoll unbewußt der Erde treu bleibt, braucht derlei hinterweltlerische Ewigkeitsrückversicherung einer Sklavenmoral nicht.
Es gibt nun, Nietzsche zufolge, zwei natürliche Sachverhalte, die dieser Sklavenmoral zur intellektuellen Herrschaft verholfen haben, einmal den Selbstbezug des Willens zur Macht beim Menschen – als Folge seiner mangelnden Triebstruktur, als Folge seiner weitgehenden Unnatürlichkeit und Natürlichkeit zugleich, zweitens die Entstehungsgeschichte des Gewissens, das einen angeblich absoluten Moralanspruch als den seinen anerkennt. Das bezeichnet Nietzsches Begriff der Psychologie.

a) Menschliche Natur und Unnatur

Der Mensch ist dergestalt natürlich, daß sein Maß an Unnatur vergleichsweise groß ist. Das zeigte sich schon daran, daß es die Moral des Ressentiments, der Widernatürlichkeit überhaupt gibt. Der Grund dafür liegt Nietzsche zufolge – und er konvergiert hier mit Herders Auffassung – in der Mängelnatur des Menschen gegründet. Auch Nietzsche hat für seine Genealogie der Moral eine Theorie des Sündenfalls: Nimmt man nämlich das Mängelwesen Mensch als Teil der Natur, so ist der Mensch – um sich in der Natur zu erhalten – gezwungen, die mangelnde Strukturiertheit seiner Triebe dadurch zu kompensieren, daß er den Willen zur Macht, seinen Teil an der Natur, auf sich selbst wendet. Das ist eine Form von Besonnenheit und formaler Re-Flexion, sozusagen Medium zwischen Aktiv und Passiv: In diesem Akt ist der Mensch, als Gattungswesen betrachtet, aktiv und passiv zugleich. Nicht aber als Erkennender und Erkannter, sondern als Handelnder und Leidender. Wenn das Handeln aus Macht die natürliche Lust ist, dann entzweit der Selbstbezug dieser Lust, die zur Selbstzucht und zur Machtausübung gleichermaßen erforderlich ist, den Menschen in den lustvoll Handelnden und den leidvoll Passiven. Zugleich erfreut er sich seiner leidvollen Formung (damit er er selbst werden kann als Handelnder), und handelnd erfreut er sich seiner Macht, deren er sich nur im Moment des Leidens bewußt werden kann. Mit dieser Macht handelt er, wenn sie ihn geformt, »gezüchtigt« hat, lustvoll unbewußt natürlich. Wenn die Zucht endlich ihre »Früchte zeitigt, wo die Societät und ihre Sittlichkeit der Sitte endlich zu tage bringt, wozu sie nur das Mittel war: so finden wir als reifste Frucht an ihrem Baum das *souveräne Individuum*, das nur sich selbst gleiche, das von der Sittlichkeit der Sitte wieder losgekommene, das autonome übersittliche Individuum (denn autonom und sittlich schließt sich aus) ...«[5] Damit ist das Geltungsende der Moral erreicht, Autonomie und Moral, die sich (bei Kant) gegenseitig bedingten, fallen auseinander.

b) Die Entstehung des Gewissens aus dem Ressentiment

Aus derselben Selbstzuwendung, die beim Starken das souveräne Individuum durch Zucht formt, entsteht beim Schwachen das Gewissen. Das Bewußtsein ist der unüberwundene, leidvoll geformte Selbstbezug, sentimentales Selbstmitleid, eben Ressentiment. Bewußtsein als Wissen seiner selbst ist nur noch die Depravationsform des Lebens, das eigentlich über den Selbstbezug hinaus

5 Ebd. S. 293.

zur Steigerung der Macht drängt. Das Bewußtsein selbst ist Symptom des schwächlichen Selbstbezugs, und für diesen Selbstbezug benötigt das Ressentiment die Vorstellung des absolut Guten und seines Gegenteils, des Bösen. Als dieses Böse wird nun die Macht des Lebens, die das ohnmächtige Bewußtsein erfahren und als Ressentiment, als Gedächtnis »eingebrannt«[6] bekommen hat, leidvoll ohne Lust erfahren. Die Lust wird selbst als Indiz des Mächtigen zum Bösen. Das ist die Geschichte der Umwertung des natürlich Guten ins moralisch Schlechte. Und das Ressentiments-Bewußtsein dieser Spaltung, durch die allein das Leid gut und die Lust schlecht wird, dieses Bewußtsein ist das schlechte Gewissen, der Nagewurm des Ressentiments, die schwarze Häme der Gedächtniskunst.

3. Die Geschichte Gottes

Läßt man sich auf den absoluten Begriff der Geschichte ein, dann gibt es hier, bei Herder wie bei Nietzsche, so etwas wie die Naturgeschichte des Guten und Bösen, und diese Naturgeschichte reicht allemal in die Menschengeschichte, in die historisch-politische Geschichte hinein. Wie entzögen wir uns, da wir doch Teil der mächtig fortlebenden Natur sind, der menschlichen Geschichte?
Nietzsche hat für seine Vorstellung des natürlichen Immoralismus einige Indizien angegeben. Ein Indiz ist die frühe griechische Tragödie, die die Einheit von Leid und Macht des Lebens zeige, das ist zugleich seine Metaphysik der Musik. Ein anderes Indiz: Er hat über die Genealogie der Moral hinaus *dem* abendländischen Garanten der Un-

6 Ebd. S. 295.

veränderlichkeit der Moral, dem monotheistischen Gott, seine Entstehungsgeschichte gegeben.[7]

Wenn Moral keine Geschichte haben soll, darf sie, sofern Natur und Welt im Fluß sind – denn alles muß in Nichts zerfallen, wenn es im Sein beharren will –, wenn also Moral keine Geschichte haben soll, dann muß sie widernatürlich und hinterweltlerisch sein. Das ist unter der Bedingung möglich, daß die Unveränderlichkeit die Bedingung der Veränderung ist. Diese Bedingung, nicht von dieser Welt, beständig, zugleich aber die Ursache der Welt und ihrer Veränderung zu sein, erfüllt der monotheistische Gott des Judentums.

Kann man dieses Verhältnis umdrehen, dann wird der Gottesbegriff Funktion der Geschichte und die unveränderliche Moral (was seine unveränderlichen Prädikate der Güte, Liebe und Gerechtigkeit anbelangt) ist Teil der geschichtlichen Veränderung. Nietzsche übernimmt für diese Unterwerfung des Gottesbegriffs unter die Geschichte das Vorbild, das Hume mit unaufdringlicher Penetranz und Heine mit essayistischer Brillanz dargestellt hatten. Heinrich Heine hatte den Tod Gottes – das war vielleicht seine Fassung von Hegels »spekulativem Karfreitag« – zugleich mit der Kantischen Philosophie konstatiert. Er hat diesen Tod Gottes als das Ende einer Begriffsgeschichte Gottes dargestellt, damit der menschlichen Denkgeschichte untergeordnet. In dem Maße, in dem für Heine der Gottesbegriff immer philosophischer wird, vergeistigt und entrealisiert sich Gott immer mehr, bis er sich endlich verflüchtigt.

»Unsere Brust ist voll von entsetzlichem Mitleid – es ist

7 Er beruft sich auf Julius Wellhausen: Prolegomena zur Geschichte Israels. (1878) Vgl. Hartung: Max Webers Herrschaftssoziologie im Kontext (Anm. 32).

der alte Jehovah selbst, der sich zum Tode bereitet. Wir haben ihn so gut gekannt, von seiner Wiege an, in Aegypten, als er unter göttlichen Kälbern, Krokodilen, heiligen Zwiebeln, Ibissen und Katzen erzogen wurde. – Wir haben ihn gesehen, wie er diesen Gespielen seiner Kindheit und den Obelisken und Sphinxen seines heimatlichen Nilthals ade sagte, und in Palestina bei einem armen Hirtenvölkchen ein kleiner Gott-König wurde und in einem eigenen Tempelpalast wohnte. – Wir sahen ihn späterhin, wie er mit der assyrisch-babylonischen Zivilisation in Berührung kam, und seine allzu menschlichen Leidenschaften ablegte, nicht mehr lauter Zorn und Rache spie, wenigstens nicht mehr wegen jeder Lumperei gleich donnerte. – Wir sahen ihn wandern nach Rom, der Hauptstadt, wo er allen Nationalvorurteilen entsagte, und die himmlische Gleichheit aller Völker proklamierte, und mit solchen schönen Phrasen gegen den alten Jupiter Opposition bildete, und so lange intrigierte, bis er zur Herrschaft gelangte und vom Kapitol herab die Stadt und den Erdkreis, urbem et orbem, regierte. Wir sahen, wie er sich noch mehr vergeistigte, wie er sanftselig wimmerte, wie er ein liebevoller Vater wurde, ein allgemeiner Menschenfreund, ein Weltbeglücker, ein Philanthrop – es konnte ihm alles nicht helfen – hört ihr das Glöcklein klingeln: kniet nieder. – Man bringt die Sakramente einem sterbenden Gott.«[8]

Diese Verflüchtigungsgeschichte, die Sublimierungsgeschichte des Gottesbegriffs vom Kult zur Philosophie hat in der Spekulationsgeschichte Schule gemacht. Nietzsche variierte sie so:

»Die Geschichte Israels ist unschätzbar als typische Ge-

8 Heinrich Heine: Zur Geschichte der Religion und Philosophie in Deutschland I (1834). Zweites Buch, Schluß.

schichte aller *Entnatürlichung* der Natur-Werte: ... Ursprünglich, vor allem in der Zeit des Königthums, stand Israel zu allen Dingen in der *richtigen*, das heisst der natürlichen Beziehung. Sein Jahveh war der Ausdruck des Macht-Bewußtseins, der Freude an sich: in ihm erwartete man Sieg und Heil, mit ihm vertraute man der Natur, dass sie giebt, was das Volk nöthig hat – vor allem Regen. Jahveh ist der Gott Israels und *folglich* Gott der Gerechtigkeit: die Logik jedes Volks, das in Macht ist und ein gutes Gewissen davon hat. Im Fest-Cultus drücken sich diese beiden Seiten der Selbstbejahung eines Volks aus: Es ist dankbar im Verhältnis zum Jahreskreislauf und allem Glück in Viehzucht und Ackerbau. – Dieser Zustand der Ding⟨e⟩ blieb noch lange das Ideal, auch als er auf eine traurige Weise abgethan war: die Anarchie im Innern, die Assyrer von aussen. Aber das Volk hielt als höchste Wünschbarkeit jene Vision eines Königs fest, der ein großer Soldat und ein strenger Richter ist: vor allem jener typische Prophet (das heißt Kritiker und Satyriker des Augenblicks) Jesaia. – Aber jede Hoffnung blieb unerfüllt. Der alte Gott *konnte* nichts mehr von dem, was er ehemals konnte. Man hätte ihn fahren lassen sollen. Was geschah? Man *veränderte* seinen Begriff – man *entnatürlichte* seinen Begriff: um diesen Preis hielt man ihn fest. – Jahveh der Gott der ›Gerechtigkeit‹, *nicht mehr* eine Einheit mit Israel, ein Ausdruck des Volks-Selbstgefühls: nur noch ein Gott unter Bedingungen ... Sein Begriff wird ein Werkzeug in den Händen priesterlicher Agitatoren, welche alles Glück nunmehr als Lohn, alles Unglück als Strafe für Ungehorsam gegen Gott, für ›Sünde‹, interpretieren: Jene verlogenste Interpretations-Manier einer angeblich ›sittlichen Weltordnung‹, mit der, ein für alle Mal, der Naturbegriff ›Ursache‹ und ›Wirkung‹ auf den Kopf gestellt ist. Wenn man erst, mit Lohn und Strafe, die natürliche Causalität aus der Welt geschafft hat, bedarf man einer *widernatürlichen* Causalität: der ganze Rest von Unnatur folgt nunmehr. Ein Gott, der *fordert* an Stelle eines Gottes, der Rath schafft, der im Grunde das Wort ist für jede glückliche Inspiration des Muths und des Selbstvertrauens... Die Moral, nicht mehr Ausdruck der Lebens- und Wachsthums-Bedingungen eines Volk⟨s⟩, nicht mehr sein unterster Instinkt des Lebens, sondern abstrakt geworden, Gegensatz zum Leben geworden. – Moral als grundsätzliche Verschlechterung der Dinge, als ›böser Blick‹ für alle Dinge. Was ist jüdische, was ist christliche Moral? Der Zufall um seine Unschuld gebracht; das Unglück mit dem Begriff ›Sünde‹ beschmutzt; das Wohlbefinden als Gefahr, als ›Versuchung‹; das physiologische Übelfinden mit dem Gewissens-Wurm vergiftet.«[9]

Die Geschichte des Judentums ist es also, die den Gott generiert, auch Gott wird von der Geschichte eingeholt; noch ein Beispiel aus der Naturgeschichte der Hinterwelt, vielleicht das wichtigste.

Fazit dieser drei Kapitel aus der Naturgeschichte der Hinterwelt:

1. Moral ist die Geschichte der hinterweltlichen Stabilisierung des Ressentiments.
2. Das Gewissen ist Folge der lebensuntauglichen Schwäche der erinnernden Reflexion.
3. Der Gottesbegriff ist ungeeignet zur Stabilisierung der Moral, weil er selbst nur Funktion der Geschichte ist.

9 F. Nietzsche: Antichrist, Kap. 25. Vgl. das Große Wellhausen-Exzerpt Nietzsches in KSA Bd. 13, S. 169-174.

II. Die politische Rationalisierung der Angst: Max Weber

1. Die machtorientierte Verzweckmäßigung

Der »Wille zur Macht« war eher noch Essenz der Politik als Essenz des Lebens. Und ob man geschichtliche Bildung als absoluten Begriff nimmt – wie Herder – oder ob man die Gesellschaft als politischen Prozeß beschreibt: Dauernde Veränderung, Geschichte als absoluter Begriff, ist Herders, Nietzsches und Webers Leitvorstellungen gemeinsam.

Es sind zwei Argumentationsmuster, mit denen Weber arbeitet, wenn es um Moral/Ethik geht. (Ich unterscheide hier bewußt nicht zwischen Ethik und Moral.) Einerseits geht Weber von einem, seit Herder vor allem in der Philosophie selbstverständlichen, Entstehungsvorurteil aus: Es gibt also Genealogie von schlechterdings allem. Das Ziel der Genealogie heißt Rationalisierung.

Das Konzept seiner »verstehenden Soziologie« ist streng historisch – er vermeidet jede Prophetie und jede vorlaufende, vorschreibende Normierung. Die Ordnungen, nach denen er die Befunde seiner historisch verstehenden Soziologie bündelt, nennt er Rationalisierungen. Ein höchst undeutlicher Begriff, den man am ehesten, denke ich, als politische, das heißt machtorientierte Verzweckmäßigung übersetzt.

Nun kann man zwar bei Max Webers trockner Vielschreiberei nicht das rhetorische Feuerwerk von Nietzsches Aphoristik erwarten; das hat allerdings nicht zur Folge, daß Webers Argumente weniger plausibel wären. Vielmehr kommen sie mit einer Selbstverständlichkeit daher, die nicht historisch-psychologische Denunziationsgeschichten schrill ausposaunt, sondern communis opinio zu vertreten vorgibt. Schließlich entsprach die Vorstellung der »Gewordenheit« der Götter dem philologisch-historischen Zersetzungsprozeß einer einheitlichen Universalgeschichte, die sich seit Herder angebahnt hatte. Alle Völker und Stämme hatten ihre eigene Geschichte.

Die »natürliche Religion«, die einen ursprünglichen Monotheismus annahm, stand seit Humes »Natural History of Religion« in Frage: Hume nahm einen ursprünglichen Polytheismus an. »Polytheism was the Primary Religion of Man.«[10] Ob dieser Polytheismus den herderschen Bestimmungen der völkerspezifischen Religiosität entsprach, ist von den Anfängen her unklar. Aber in den Folgen waren Herder und Hume konvergent. Die Natürliche Religion war seitdem, sichtbar etwa in Grimms »Deutscher Mythologie« (1844), in eine Vielzahl von Göttern aufgelöst, die keineswegs auf den einen Judengott zurückgeführt werden konnten. Der eine Gott konnte nur noch als Spätform einer historischen Entwicklung begriffen werden.[11]

Auch bei Max Weber wurde die Mängelnatur des Menschen für die Dynamik der Geschichte vorausgesetzt. Freilich interpretierte er diese Mängelnatur mit Hume[12] als Angst. Schleiermachers »Gefühl der schlechthinnigen Abhängigkeit« war eben nicht nur Anlaß für Erbaulich-

10 D. Hume: The Natural History of Religion, Kap. 1, Überschrift.

11 Bei Reizenstein: Hellenistische Mysterienreligionen, heißt das »Sekundärmythos«. Vgl. Blumenberg: Arbeit am Mythos (1979).

12 Hume: Natural History of Religion, s.o., S. 34f.

keit, sondern die menschliche Kehrseite des Numinosen und Erhabenen war Voraussetzung für die Grundvorstellung von Politik, daß Macht durch Angst herrscht. Zugleich war Angst das Gefühl der Zugehörigkeit zu Mächten, die als »Augenblicksgötter« erschienen, die *polymorph* waren, aber im Augenblick ihrer Apophanie in unausweichlicher Evidenz erschienen.[13] Dieses Religionsphänomen ist für Max Weber die schlechterdings nicht auflösbare Voraussetzung von Macht: Macht ist im Kern nicht in rationale Zweckmäßigkeit aufzulösen. Kontingenzbewußtsein macht gehorsam. Gehorsam ist die Folge der Restangst vor dem Erhabenen.[14] Das Gefühl der ursprünglichen Ohnmacht, das Angst auslöst, ist identisch mit der Disposition zur Disziplin, zum Gehorsam: Angst wurde zum absoluten Begriff.

2. Der Absolutismus der Angst

Rationalisierung besteht nun für Max Weber darin, die Angst des mythischen Urzustands in Macht und Gehorsam zu verzweckmäßigen und dadurch erträglicher zu machen. Das ist die Quelle für die Dynamik seiner Gesellschaftsgeschichte. Rationalisierung ist zugleich Entlastung von der Unberechenbarkeit der polymorphen Augenblicksgötterei. Schon Geschichtenerzählen in Mythen und Magie bedeutet folglich Steigerung der Bere-

13 Dazu H. Blumenberg in seinem Mythos-Aufsatz in: Poetik und Hermeneutik v. Vor allem aber Hermann Usener: Götternamen. Versuch einer Lehre von der religiösen Begriffsbildung, ed. E. Norden, 3. Aufl. Frankfurt 1948.

14 Die ganze Geschichte vom Erhabenen, tremendum et fascinosum, später religionsgeschichtlich klassisch bei Rudolf Otto: Das Heilige (1917).

chenbarkeit. Das gilt a fortiori für die weitgehenderen Dogmatisierungen und Verphilosophierungen der ursprünglichen Religionen bis zum kirchlich-theologisch verfaßten Monotheismus.[15] Das Potential der Angst wird sozusagen gespalten, der berechenbare Teil wird rational aufgearbeitet und der unberechenbare isoliert und damit zugleich stabilisiert. Der Preis dieser Rationalisierung: Der irrationale Bereich wird in diesem Prozeß jeder Berechenbarkeit entzogen und zum Ort böser, dunkler Unkalkulierbarkeiten.

Ein solcher Prozeß der Berechenbarmachung der Angst ist identisch mit dem Grundprozeß der Genealogie der Moral. Formal: Es wird wieder eine Mustergeschichte erzählt, die Plausibilität beansprucht. Diese Plausibilität unterstellt erstens, daß Rationalität und menschliches Interesse konvergieren, daß die Rationalität also das Menschliche »will«, und sie unterstellt zweitens, daß das Gute eo ipso das Rationale sei. Wie sollte man es sonst als das Gute erkennen?

Gleichzeitig jedoch muß man voraussetzen, daß das Gute das Böse beherrschen kann. Sonst gäbe es keinen rechten Sinn, Interesse am Guten zu haben. Wenn das Gute das Schwächere wäre, hätte man aufs falsche Pferd gesetzt und seine Angst nur gesteigert, statt sie rational beherrschbar zu machen.

Weber sieht in der Entstehung des Guten sozusagen den religionsgeschichtlichen Kraftakt, sich den Gehorsam zu rationalisieren. Zugleich handelt es sich um einen see-

15 Vgl. A. Gehlen: Urmensch und Spätkultur, 4. Aufl. Frankfurt 1977. Der Wandel vom Polytheismus zum Monotheismus ist für Gehlen eine »Kulturwende« (144) von der Magie zur Rationalität. Vgl. auch Hans Blumenberg: Arbeit am Mythos, Frankfurt 1979.

lenökonomischen Verdrängungsakt des bösen Teils des Numinosen. Ursprünglich aber bleibt, vor- und irrational, die Angst und damit der Gehorsam.
Es kann sein, daß in dieser Entstehungsgeschichte des Guten auch der Sinn der Legitimität, der Sinn legitimer Macht liegt. Denn dann würde plausibel, weshalb der Begriff Legitimität immer positiv besetzt ist, dennoch aber nicht genau definierbar ist. Vielleicht verbindet sich in diesem Begriff sehr elementar – sozusagen noch vor der Ausformung der Rationalität – die ursprüngliche, nur religionsgeschichtlich beschreibbare Kombination von Gehorsamsanspruch und Gutem. Denn der Gehorsamsanspruch liegt noch vor der Erfindung des Guten.
Mit der Erfindung des Guten ist – auch bei Weber – die Mustergeschichte der Emanzipations-Münchhausiade initiiert: Das Menschengeschlecht zieht sich am eigenen Rationalisierungsschopf aus dem Sumpf der Angst vor dem Numinosen. Bloß: so richtig wird man die Angst nicht los. Das Rationalisieren erlöst nicht von der Macht und nicht von der Politik. Denn die Trennung der Begriffe Gut–Böse, die rationalisierende Dichotomisierung ist selbst ein Akt begrifflicher Freund-Feind-Polarisierung. Er impliziert die Unterwerfung des Irrationalen, also des Bösen, aber auch die Akzeptierung des Guten. Denn der Zwang des so gewonnenen Guten besteht darin, daß man – wann und wie man es auch immer erkennt – das Gute a) akzeptieren muß (Rationalitätsseite) und daß man ihm b) gehorchen muß (Religionsrest, Numinosenrest). Andernfalls ist man böse, und zwar deshalb, weil man a) etwas Rationales verweigert und b) nicht gehorcht (d.h. seine eigene Kontingenz nicht akzeptiert).
Es bleibt bei dieser Konstruktion der Rationalisierung aus Angst in Gehorsam die bange Frage, warum denn trotz

des Rationalisierungsvorteils in der Unterscheidung Gut–Böse das Böse als Angstpotential nicht auflösbar ist; Angst hat man immer noch – und besonders vor dem Unberechenbaren. In der Bändigung des Numinosen, in der »Entwicklung ethisch spezifisch qualifizierter Gottheiten«[16] bleibt ja die Behauptung, daß das Gute zugleich das Rationale und Mächtige wäre, hohl: Denn die Frage »unde malum«, woher kommt das Böse, zerstört jede noch so hehre Gottesprädikation. Das ist die Frage nach der Theodizee, nach der Rechtfertigung Gottes vor den Übeln der Welt.[17] Wenn die Welt unter dem Machtanspruch eines guten Gottes steht, warum gibt es dann überhaupt noch Böses? Das ursprünglich ins irrationale Abseits gedrängte Böse erweist seine *unabweisbare Anwesenheit* in seiner aufdringlichen Irrationalität, *im allein empirisch faßbaren Faktum des Bösen.*

3. Die Paralyse des Guten

Aber genau damit entsteht die Trennung von Welt und Gott in zwei eigenständige Bereiche: Das Reich der Götter wird zum Reiche des einen Gottes und ethisch idealisiert – damit zum Maßstab der Welt. Im gleichen Prozeß wird die Welt erlösungsbedürftig, denn sie entspricht der ethischen Idealität nicht. Der Mangel der Welt an ethi-

16 Wirtschaft und Gesellschaft, S. 262.

17 Max Weber ist in seiner Konstruktion manichäisch wie Böhme und Schelling; denn Gut und Böse sind in seiner religionsgeschichtlichen Konstruktion nicht ins Gute auflösbar. Die Entstehungsgeschichte eines über die Welt und das Böse mächtigen Gottes läßt für Max Weber das Problem der Theodizee schon seit der Entstehungsgeschichte der guten Götter des Olymp auftauchen.

scher Idealität, d.i. Gerechtigkeit und Berechenbarkeit, bedarf der Kompensation. Das erklärt die Entstehung von Erlösungsreligionen zugleich mit der Festsetzung einer in theologischer Rationalität sich entwickelnden legitimen Macht. Wenn der Anspruch der ethisch qualifizierten göttlichen Prädikate darin liegt, daß das Gute belohnt und das Böse bestraft wird – das Gute aber irdisch darin besteht, daß die Mangelsituation, die eine der Ursachen von Angst war, partiell aufgehoben ist –, dann ist das Ergebnis der Kompensation des Bösen, daß Reichtum und Justiz versprochen wird: Darin besteht die Legitimationsaufgabe des Staates, der im Namen von Gemeinwohl und Justiz Gehorsam verlangen darf und verlangt. Zugleich bedeutet das die Paralyse des transzendenten einen Guten in Ökonomie, Justiz und Souveränität – die Ethik wird zum Kampfplatz der Werte.
Max Webers Rationalisierungsfortschritt der Gesellschaft, der das eine Gute dissoziiert, realisiert sich in drei autonomen rationalen Institutionen. Diese können nur von ihrer eigenen Rationalisierungsgeschichte her beurteilt werden: a) Ökonomie und Justiz, b) Souveränität und c) Ethik.

a) Ökonomie und Justiz

Reichtum und Justiz waren Rationalisierungsforderungen aus dem Potential der Angst. Daß der Reichtum eines Stammes unter einem Schutzgott legitim war, ist evident. Die Übertragung der Legitimität des Gewinnstrebens auf den Einzelnen aber setzt voraus, daß Reichtum selbst als Lohn interpretiert wurde, daß Lohn als Implikat rechtmäßig rationalen Handelns begriffen wurde. Darin besteht für Weber dann die legitime, ökonomisch interpretierte Rolle der Justiz, jedem das zu geben, was ihm zusteht: Suum cuique tribuere.

b) Souveränität

Dadurch, daß die Justiz sich als Zweckmäßigkeitsgerechtigkeit der Ökonomie herausstellt, kommt die Politik sozusagen in ihrer Reinkultur zum Vorschein: im Begriff der Souveränität. Wenn »alle Begriffe des Staatsrechts säkularisierte theologische Begriffe«[18] sind und die positiven göttlichen Begriffe für Ökonomie (Glück) und Justiz (Gerechtigkeit) verbraucht sind, bleibt noch die Allmacht: Und das heißt staatliche Souveränität. Die Emanzipation der Politik aus Ethik und Moral wird mit der Entwicklung des Souveränitätsbegriffs evident: Politik ist gerade dadurch rational, daß sie keine anderen Ziele hat als die politischen, daß sie kein Interesse kennt als die Selbsterhaltung und Machtsteigerung des Souveräns. Der Wille zur Macht zeigt sich als die »Versachlichung der Macht«[19] in der Politik.

c) Ethik

Was bleibt eigentlich von der Ethik? In der Entwicklungsgeschichte der Rationalität aus der Urform des Numinosen in die Institutionalisierung von souveränem Staat und rechtlicher Ökonomie bleibt der alte, absolute Anspruch der Ethik auf der Strecke. Denn die Ethik entspricht den modernen Rationalisierungsstandards nicht. Ihre »Werte« erheben zwar noch Anspruch auf Autorität, aber der Status dieser Werte ist ausgesprochen schwierig zu be-

18 Carl Schmitt: Politische Theologie, 1934, S. 49.
19 Wirtschaft und Gesellschaft, S. 361.

stimmen. Religionshistorisch stammen »Werte« für Weber aus der Prädikation von Spezialgottheiten: Demeter für Fruchtbarkeit, Mars für Stärke, Venus für Schönheit. Im Monotheismus der philosophisch-theologischen Dogmatik sind diese Prädikate soweit »rationalisiert«, daß man meinen sollte, sie seien dadurch auch stabilisiert, indem diese »Werte« als Prädikate Gottes auftreten: der »allmächtige«, »allweise«, »gute«, »gerechte« Gott. In dieser Gottesprädikation zeigt sich: Die Begriffe der Ethik sind allesamt absolute Begriffe. Sie haben wegen ihres Inhalts alle den Anspruch einer absoluten Herrschaft und eines absoluten intellektuellen Gehorsams. Wenn man von ihnen her argumentiert, muß man ihrer Semantik folgen. Und genau hier zeigt sich, daß die »Werte« untereinander nicht rationalisierbar sind. Das gilt für Liebe und Gerechtigkeit, für Freiheit und Verantwortung. Im Namen der Gerechtigkeit kann die Liebe zerstört werden – fiat iustitia pereat mundus –, und im Namen der Liebe kann die Gerechtigkeit aufgehoben werden. Im Namen der Freiheit kann die Verantwortung liquidiert werden und im Namen der Verantwortung die Freiheit. Facit: Die Ethik ist in sich nicht eindeutig strukturierbar, sondern von ihrer Semantik her innerlich widersprüchlich. Sie ist sozusagen von Herkunft irrational und deshalb nicht eindeutig zu machen. »Es handelt sich nämlich zwischen den Werten letztlich überall und immer wieder nicht nur um Alternativen, sondern um unüberbrückbar tödlichen Kampf, so wie zwischen Gott und Teufel.«[20]

Es gibt keine Hierarchie absoluter Begriffe, die Rationa-

20 Max Weber: Der Sinn der Wertfreiheit in den Sozialwissenschaften, in: Schriften, ed. Winckelmann, Stuttgart 1956, S. 272.

lisierung in der Ethik kann nicht zuende kommen, selbst unter den ethischen Begriffen zeigt sich bei Max Weber nur noch der Kampf um die Herrschaft. Das Konzept seiner Soziologie ist von Beginn an politisch. Indem es auf die Überwältigung des irrationalen Teils des Numinosen und die Überwindung der Angst aus ist, ist sein Ziel nicht Einsicht, sondern Begriffsherrschaft. Die Zweckrationalitätsvorteile von Gerechtigkeit oder Liebe, Verantwortung[21] oder Freiheit lassen sich nicht mehr zweckrational beschreiben, zwischen ihnen muß entschieden werden. Was Gut und Böse und damit zweckmäßig rational ist, bestimmen am Ende die begrifflichen Sieger. Der Preis: Im Kampf ethischer Leitbegriffe zeigt sich, daß die Identität von Rationalität und Macht nicht in der rationalen Einsicht besteht, sondern darin, in einem Dilemma ethischer Begrifflichkeit zu entscheiden. Die ethische Pointe der Weberschen Soziologie heißt Dezisionismus. Am Ende muß auch der ethische Gehorsam durch politischen Dezisionismus erzwungen werden. Möglicherweise ist das der Rest des Numinosen, der nicht gebändigt werden konnte.

Wahrscheinlich hat sich Herder, als er versuchte, die Frage nach dem Sprachursprung zu beantworten, diese Folgen seiner Antwort nicht träumen lassen. Die Historisierung aller Argumentation erwies sich als Geist aus der Flasche, oder – weniger märchenhaft – als Virus, das alle alten Programme der Ethik auflöste. Die Moral wurde bei Nietzsche zur Geschichte der hinterweltlichen Stabilisierung des Ressentiments, das Gewissen zur schwarzen Häme der Gedächtniskunst. Bei Weber blieben von der Religion Dezisionismus und Gehorsam übrig, die Ratio-

21 Webers Unterscheidung von Verantwortungs- und Gesinnungsethik und deren innere Logik wäre hier zu verhandeln.

nalität der Ethik erwies sich als nicht erreichbar. Es zeigte sich vielmehr, daß die ethischen Strukturen identisch waren mit ihrer eigenen, eben wechselnden, also absoluten Geschichte und folglich keine stabilen Strukturen.
Ändert sich die Moral mit der Zeit? Unter der Voraussetzung einer absoluten Geschichte ist die Möglichkeit von stabiler Moral aufgezehrt. Ob sich überhaupt eine neue verbindliche Ethik errichten läßt, die zweckmäßig, natürlich und stabil ist? Das wäre der Bereich des »Möchtegern«, der eigentliche Ort von Ethik und Moral. Man hätte dann die Frage nach der absoluten Geschichte umkehren müssen in eine Frage danach, ob man denken muß, was man nicht denken möchte – und dann hätte man vom Anspruch der Ethik reden können. Dann wäre vielleicht eine Logik des Möchtegern dabei herausgekommen, eine Art ethische Bescherung. Dann aber stellte sich die Frage nach der Realität des Möchtegern, nach dem Verhältnis von Genealogie und Geltungsanspruch, erneut. Der späte Heine hat auf ähnliche Wünsche so reagiert:

»Also fragen wir beständig,
bis man uns mit einer Handvoll
Erde endlich stopft die Mäuler.
Aber ist das eine Antwort?«[22]

Exkurs: Die Logik des »Möchtegern«

Die Frage stellt sich angesichts der Genese (Nietzsche) und der inneren Widersprüchlichkeit (Max Weber) ethischer Werte, angesichts des Konflikts absoluter semantischer Einheiten mit praktischem Anspruch. Distinktio-

22 Heinrich Heine: Zum Lazarus.

nen helfen da nicht. Könnte man sich bei dem Dilemma »Genese und Geltung« auf eine »Ethik als ob« (Vaihinger) zurückziehen, die sozusagen pragmatisch in sekundärer Potenz wäre? Dann blieben zwei Grundfragen unbeantwortet: 1. Ist Ethik eigentlich bekömmlich, also human? 2. Ist Ethik überhaupt noch zu rechtfertigen angesichts ihrer Abkömmlichkeit und Wandelbarkeit, die zum Unvorhergesehenen führt?

Man muß Auschwitz wahrscheinlich nicht bemühen, um festzustellen, daß Ethik eine Art Entscheidung dazu verlangt, daß sie am Ende menschlich sei – aber im Handeln gibt es gute Gründe dafür, auf solche Grundsatzentscheidungen zu verzichten und so zu tun, als ob Humanität eine einheitliche Norm und zugleich bekömmlich wäre. Philosophisch begründbar ist diese Kombination nicht, sie setzt vielmehr die theologisch garantierte gute Verfassung der Welt voraus, die mit ihrer radikalen Historisierung gerade zerstört ist.

Wenn eine philosophische Theologie nicht mehr funktioniert, so leuchtet die Erinnerung daran, also die Erinnerung an Erklärungsmuster, die galten, doch noch ein. Die Norm »als ob« funktioniert möglicherweise auch noch in zweiter Potenz – freilich nur als Möchtegern des Ressentiments, auch als Augenwischerei: Das gilt für einen normierten Naturbegriff, der selbst theologisch legitimiert ist, das gilt für die natürlichen Normen, die als Menschen-Rechte und -Pflichten ausgelegt werden können.

Aber mit solchem Möchtegern ist das bei Weber sichtbare Dilemma, daß Ethik rational nicht zu beschreiben sei, nicht zu beantworten. Das gilt auch für den Geltungsanspruch der Ethik: Kann man beim »als ob« den Anspruch überhaupt begründen, daß man ethischen Normen gehor-

chen *solle*? Kann man den Anspruch auf Gehorsam, der bei Nietzsche und Max Weber in historischer Psychologie grundgelegt ist, im Möchtegern mit gleicher Durchschlagskraft und Macht plausibel machen? Aus dem, was man möchte, läßt sich so wenig ein Sollen ableiten wie aus Nützlichkeitserwägungen oder Vertragskonstruktionen. Gleichwohl gibt es keine Alternative zum Möchtegern, es ist der Ort von Offenbarung, Ethik und Theodizee.
Im Möchtegern konvergieren Ethik und Theologie: Denn wenn Ethik nicht begründbar ist, wenn sie den Charakter des Ressentiments ebenso trägt wie die Theologie, wenn der Anspruch des Sollens nur Restbestand der mythischen Furcht in der rationalen Gegenwart ist, dann sind die Ansprüche ethischen Sollens und der theologischen Offenbarung in ihrem Anspruchscharakter nicht unterscheidbar. Das ethische Möchtegern trifft sich mit dem theologischen Haben-wir-schon.
Freilich zeigt sich in Theologie etwas, was gegen die Ethik – und deren irdisches Möchtegern spricht; anscheinend birgt sich im Anspruch der Offenbarung entscheidend das, was über Humanität und Freiheit hinausgeht: Heilsverheißung. Diese überirdische Heilsverheißung impliziert die Zumutung an die Autonomie »als ob« im irdischen Bereich und damit die Gefährdung der Politik durch die Religion. Freilich: Auch wenn die Heilsverheißung eine Zumutung wäre, so bliebe sie als Verheißung doch bestehen – und behält ihre Attraktivität, eben weil sie eine Zumutung ist.

III. Entscheidung im Dunkel der Geschichte: Carl Schmitt

Was ist eigentlich ein gefährliches Argument: Ist es der »diabolische« Spaß daran, radikal zu sein, Gedanken auf die Spitze zu treiben, intellektuelles l'art pour l'art, der Spaß beim Spiel mit dem Feuer? Oder geht die Faszination darüber hinaus zur Plausibilität? Liegt der Grund der Plausibilität, sollte Beifall erforderlich scheinen, in der Dignität der Begriffe, in der Wucht der Behauptungen oder in der Amplitude zwischen Not und Großmannssucht?

Wenn irgend jemandes, dann ist Carl Schmitts Position in der Geschichte von der Sinnlosigkeit aller Geschichtsphilosophie geprägt. Ihm ist die Geschichte unentschiedener – und irdisch unentscheidbarer – Kampf feindlicher Prinzipien.[23] Wo Geschichte blind ist, ist Vernunft obsolet: Denn ihre historische Realität zeigt, daß sie den Begriffskampf verschärfte und zu Revolutionen der Politik führte: 1789 die Vernunft der menschlichen Natur, 1848 die diskutierende Vernunft des Bürgers, 1918 die ökonomisch-historische Vernunft des Proletariats. Vernunft mutet sich mehr zu, als sie zu leisten in der Lage ist. Anstatt zu stabilisieren, destabilisiert Vernunft die Politik.

23 Das zeigt sich auf die bemerkenswerte Weise in seiner Biographie, die die eines entschiedenen Ehrgeizlings ist, der in die Geschichte eingreifen wollte. Seine Kaltstellung nach 1936 hat er, ähnlich wie Heidegger, als innere Emigration gedeutet. Wenn jemand, der so aufs Wirken aus war wie Carl Schmitt, sich kaltgestellt sieht, ist zwischen Widerstand und Schmollwinkel gewiß schlecht zu unterscheiden. Vgl. dazu zwei einschlägige Stücke aus Schmitts umfangreicher Bibliographie: Ex captivitate salus (Köln 1946) und »Gespräch über die Macht und den Zugang zum Machthaber« (Pfullingen 1954).

In dieser verzweifelten, immer konkret sich zeigenden Situation bleibt allein Dezision. Dezision – und damit die Macht – ist, nachdem das Projekt der Theodizee, der vernünftigen Geschichtsphilosophie zusammengebrochen ist, der letzte, selbst von der Zweideutigkeit verdorbene Abglanz der göttlichen Souveränität in der zweideutigen Welt. Das ist der historische Sinn der Dezision: Allein die Tatsache, daß entschieden wird, beendet die Zweideutigkeit – und das Ende der Zweideutigkeit stabilisiert. Der Kampf wird beendet, es siegt die Institution. Das gilt für Hobbes, der den Bürgerkrieg – eben Naturzustand, bellum omnium contra omnes – durch die absolutistische Souveränität beendet, das gilt für De Maistre, der die napoleonischen Revolutionskämpfe durch den Legitimationsanspruch der Heiligen Allianz beendet, das gilt für Donozo Cortes, der die Parlamentsschwätzerei der Bürgerlichen Revolution beenden wollte,[24] und das gilt für Carl Schmitt, dessen Konzept der Diktatur die Frage nach der Unregierbarkeit im Bürgerkrieg und die notwendige Rechtsform der Diktatur nicht allein diskutierte, sondern entschied. Und was wäre das für eine Souveränität, die nicht den Anspruch stellte, schlechterdings unfehlbar, eben souverän zu sein?[25] Wenn derjenige, der die Wahrheit – die politische Wahrheit – dekretiert, nicht den Anspruch auf Unfehlbarkeit hätte, wie könnte die Wahrheit wahr sein? Es ist das Wort der Souveränität, das Wort der politischen Wahrheit, es ist der Wahrheit Wort, und was kann wahrer sein.[26]

24 Der Staat Gottes, dt. Karlsruhe 1933; Buch 2, Kap. 8, S. 194: Die Diskussion, das Palliativ des Liberalismus.
25 Bei De Maistre: Du Pape (Ch. 1), zit. in Pol. Theol. 1, Kap. IV.
26 Thomas von Aquin (zugeschrieben): Piae preces Opp. Omnia 6,

1. Entscheidung[27] als Rechtsform

Entscheidung, nicht Erkenntnis ist der innere Verlauf der Souveränität. Darin besteht die Konkretion des Politischen in der Geschichte, daß sie, anstelle theoretisch über die Geschichte zu reden, die Realität der Geschichte macht. Das ist der Vorteil des Juristen. Schmitts Rechtsdenken, jenseits des Positivismus der Reinen Rechtslehre Kelsens, aber auch jenseits der historischen Rechtsschule, ist von der Entscheidung und der Konkretion der Wirklichkeit getragen. Denn worin besteht die Realität des Rechts? Darin, daß es entschieden und diese Entscheidung durchgesetzt wird.[28] Das zeigt sich schon in jedem Urteil: der Richter entscheidet einen Fall selbst dann, wenn er ihn nur unter ein Normensystem substituiert. Das Normensystem selbst, das, was die reine Rechtslehre Kelsens als eine Theorie von vollständiger Dichte anstrebt, die die Norm jeder Handlung vorgibt, genau dieses hält Schmitt für eine Überanstrengung der Vernunft, die Entscheidung fordert allemal die Person.[29] Für ihn pro-

S. 585: »Adoro te devote, latens deitas,/quae sub his figuras vere latitas;/tibi se cor meum totum subjicit,/quia te contemplans, totum deficit./Visus tactus gustus in te fallitur/sed auditu solo tuto creditur:/credo quicquid dixit dei filius;/nihil hoc verbo veritatis verius.«

27 Vgl. Panajotis Kondylis: Macht und Entscheidung, Stuttgart 1984, und Christian Graf von Krockow: Die Entscheidung – eine Untersuchung über Ernst Jünger, Carl Schmitt, Martin Heidegger, Stuttgart 1958.

28 »In der Ausnahme durchbricht die Kraft des wirklichen Lebens die Kruste einer in Wiederholung erstarrten Mechanik« (Pol. Theol. 1, S. 22).

29 »Der Rechtssatz als Entscheidungsnorm sagt nur, wie entschieden werden soll, aber nicht, wer entscheiden soll.« (Pol. Theol. 1, S. 44).

voziert eine Rechtsnorm ohne Person Überanstrengungen: Entscheidungen auch innerhalb eines Normensystems erfordern dann Akte apokrypher Souveränität.[30] Je genauer und dichter schließlich die Vorschriften sind, desto mehr müssen sie für die Realität interpretiert werden, und das gilt gerade dort, wo man sich ihnen unterordnet.

Auch Unterordnung ist Entschluß. Indem der Richter einen Fall unter ein Gesetz subsumiert, vollzieht er zugleich einen Akt der Souveränität. Das gilt nicht nur »Im Namen des Volkes«. Das gilt gerade von der Figur der Entscheidung: wenn der Richter »Recht« spricht, stellt er sich und seinen Fall unter das Gesetz. Er hat die Macht, auch anders zu entscheiden. Da ist sein Ermessensspielraum. Er hat genau genommen auch die Macht, sich außerhalb des Gesetzes zu stellen. Eine solche Unrechts-Entscheidung bleibt rechtens, bis sie rückgängig gemacht ist. Das, gerade auch das, ist der Abglanz der Souveränität.

»Quis iudicabit« und »quis interpretabitur« gehören zusammen.[31] Das gilt a fortiori für den weltlichen Souverän. Daß er über den Ausnahmezustand befindet, definiert ihn.[32] Er interpretiert die konkrete Situation als Krise. Das ist seine Entscheidung. Dadurch wird der Ausnahmezustand vom Normalzustand geschieden. In dieser Entscheidung besteht die historische Konkretion.

Die Situation der Entscheidung ist notwendig doppeldeutig: Der Souverän kann sich, wenn er entscheidet, zum

30 »Verfassungslehre« S. 150, der ideale Rechtsstaat.

31 Vgl. Carl Schmitt: Der Leviathan in der Staatslehre des Thomas Hobbes. Sinn und Fehlschlag eines politischen Symbols, 1938, ND, Köln 1982.

32 Pol. Theol. 1, S. 11.

Hüter der Verfassung[33] machen. Dann ist die Entscheidung im Rechtssinne legal. Er hat immer auch die Macht, sich außerhalb der Verfassung zu stellen. Denn in Krisensituationen geht es gerade darum, dem Recht Macht zu verschaffen. Die Situation der Entscheidung ist deshalb immer putsch- oder revolutionsträchtig. Wer Herr der Entscheidung war, wer also Souverän war, zeigt sich schließlich erst nach der Krise. Das verbindet den Souverän mit dem Tyrannenmörder.

Schließlich entscheidet nicht nur der Reichspräsident nach Artikel 48 der Reichsverfassung über den Ausnahmezustand. Souveränität ist ein Revolutionsbegriff von Anbeginn. Auch der Revolutionär entscheidet über die Krise, freilich nicht zum Zweck, das Recht zu schützen, sondern um es umzudrehen. Wenn das Recht inhaltlich weder naturrechtlich vernünftig zu bestimmen noch historisch akzeptabel ist – denn beides zeitigt Revolutionen –, dann ist es die Setzung von Recht schlechthin, die den Akt der Souveränität ausmacht. In diesem Sinn schützt »der Führer das Recht«, in diesem Sinn wird alle Norm aus dem Recht genommen und die Gewalt ist selbst der zweideutige Abglanz der göttlichen Macht.

Die Souveränität kann nicht stille stehen, das liegt im Begriff ihrer Absolutheit. Diese Absolutheit ist ein Grund für die Säkularisation. Souveränität ist Kronzeuge für die »frappierende Analogie« juristischer und theologischer Begriffe.[34] Das Kalkül stammt aus der mittelalterlichen, scotistischen Scholastik: Wo Gott in seiner suprema potestas sich für die Schöpfung entscheidet, gibt er seiner potentia absoluta eine Ordnung. Dadurch wird sie zur potentia ordinata. Gott begrenzt sich selbst. Wenn er sich

33 Carl Schmitt: Der Hüter der Verfassung, Tübingen 1931.
34 Pol. Theol. 1, Kap. 2.

in seiner potentia absoluta erhalten will, muß er sich das Recht vorbehalten, die Ordnung wieder aufzuheben.[35]

Das ist die Rolle der Souveränität: Sie ist *der* Begriff für Rechtsschöpfung und Rechtsumwälzung, *der* Begriff für Revolution. Souveränität ist wegen der Fähigkeit, Ordnung aufzuheben und zu setzen, der Pointierungsbegriff historischer Umwälzung und historischer Unsicherheit. Sie entspricht damit exakt der »konkreten Situation« der Geschichte. Beide, Souveränität und konkrete Situation, sind bei Carl Schmitt die Indizien eines absoluten Begriffs von Geschichte.

35 Duns Scotus: Ordinatio 1, Dist. 44. Ad Quaestionem utrum Deus possit aliter facere res quam ab ipso ordinatum est eas fieri: »In omni agente per intellectum et voluntatem, potente conformiter agere legi rectae et tamen non necessario conformiter agere legi rectae, est distinguere potentiam ordinatam a potentia absoluta; et ratio huius est, quia potest agere conformiter illi legi rectae, et tunc secundem potentiam ordinatam (ordinata enim est in quantum est principium exsequendi aliqua conformiter legi rectae), et potest agere praeter illam legem vel contra eam, et in hoc est potentia absoluta, excedens potentiam ordinatam. Et ideo non tantum in Deo, sed in omni agente libere, – qui potest agere secundum dictamen legis rectae et praeter talem legem vel contra eam – est distinguere inter potentiam ordinatam et absolutam; ideo dicunt iuristae quod aliquis hoc potest facere de facto, hoc est de potentia sua absoluta, – vel de iure, hoc est potentia sua ordinata secundum iura.«

Souveränität hebt Geschichte nicht auf. Sie entscheidet in Geschichte – und die Geschichte bleibt zweideutig. Denn sie ist unerkennbar in ihrem Verlauf, sie ist Begriffskampf von Gegensätzen. Schmitt sieht die Geschichte als den Kampf letzter Unterscheidungen: auf dem Gebiet des Moralischen Gut/Böse, auf dem Gebiet des Ästhetischen Schön/Häßlich, auf dem Gebiet des Ökonomischen Nützlich/Schädlich oder Rentabel/Nicht rentabel.[36] Die politische Konkretion für diesen manichäischen Kampf von Gegensätzen ist der Gegensatz Freund/Feind. Es geht Schmitt nur darum, den »äußersten Intensitätsgrad einer Verbindung oder Trennung, einer Assoziation oder Dissoziation zu bezeichnen, wie sie theoretisch und praktisch bestehen«[37]. Daß damit die Geschichte selbst als Kampf sich darstellt, als Prinzipienkrieg, verbindet Schmitt mit Max Weber. Krieg ist das Wesen des Politischen, als »reale Möglichkeit, immer vorhandene Voraussetzung, die das menschliche Handeln auf eigenartige Weise bestimmt und dadurch ein bestimmtes Verhalten bewirkt«[38]. Ausgehend von der Hobbesschen Voraussetzung der Politik, sieht Schmitt die Notwendigkeit der Entscheidung. Unter der Bedingung, daß Freund und Feind eine politisch notwendige Entscheidung ist, gilt: Vae neutris.[39]

Wer sich in dieser Geschichte, die keine Erkenntnis zu-

36 Begriff des Politischen, S. 14.
37 Begriff des Politischen, S. 14.
38 Begriff des Politischen, S. 22.
39 Dazu der Aufsatz »Vae neutris« in: Positionen und Begriffe. Völkerrechtliche Neutralität und politische Totalität, in: Monatshefte für Auswärtige Politik. 5. Jahrgang 1938, S. 613-618.

läßt, nicht entscheidet, über den ist entschieden. Im manichäischen Prinzipienkrieg, der die Geschichte blind vorantreibt, gibt es keine Adiaphora. Erkenntnis ist allein als Erfolg, als Sieg vorstellbar. Und das erfordert zuerst Risiko und Entschluß.

Deshalb ist das Recht Dezision. Was schließlich bestimmt das Recht anderes als seine konkrete Durchsetzbarkeit in dem, was beschlossen werden muß? In der Situation, in der Naturrecht revolutionär diskreditiert und historisches Recht blind bleibt, bleibt das Recht allein als Dezision denkbar.

Das schließt die Grundrechte ein, kann aber die Grundrechte selbst wieder nur als Dezision fassen. Die Freiheitsrechte des Menschen, die für liberale Verfassungen essentiell sind, hat Schmitt so klar wie kaum jemand aufgeführt und dargestellt.

Er hat unterschieden: 1. Freiheitsrechte des isolierten Einzelnen: Gewissensfreiheit, persönliche Freiheit, Privateigentum, Unverletzlichkeit der Wohnung, Briefgeheimnis; 2. die Freiheitsrechte des Einzelnen in Verbindung mit anderen Einzelnen: freie Meinungsäußerung, Redefreiheit, Pressefreiheit, Kultfreiheit, Versammlungsfreiheit, Vereinigungsfreiheit, Koalitionsfreiheit; 3. die Rechte des Einzelnen im Staat als Staatsbürger: Gleichheit vor dem Gesetz, Petitionsrecht, gleiches Wahl- und Stimmrecht, gleicher Zugang zu den öffentlichen Ämtern; 4. Rechte des Einzelnen auf Leistungen des Staates: Recht auf Arbeit, Recht auf Fürsorge und Unterstützung, Recht auf Erziehung, Ausbildung und Unterricht.[40] Aber er hat nicht sehen können, daß sie »gegeben« wären. Er hat sie allein als die *Entscheidung* eines Volks über die

40 Verfassungslehre, Berlin 1928, S. 170.

Prinzipien seines Zusammenlebens[41] beschreiben können. Auch wenn ihre Unentbehrlichkeit für den bürgerlichen Rechtsstaat postuliert wird, erfüllen die Grundrechte denselben Zweck wie der Staat schlechthin: Stabilität. Sie sind nicht der Abglanz Gottes, weil sie materiale Rechte sind. Sie sind nur der Abglanz der Souveränität. Sie erfüllen damit denselben Zweck wie der Staat: Stabilität im Begriffskampf. Denn im Kampf der Prinzipien ist die Stabilität etwas, das immer dem Bösen in der Geschichte widersteht. Einzige Stabilität in der Geschichte sieht Schmitt in den Rechtsinstitutionen. Das ist der Grund, weshalb er den Katholizismus als politische Form[42] verehrt hat, daß seit dem 12. Jahrhundert die Stabilität dieser Institution gegen jede rationalistische, naturalistische humane Anfechtung gefeit gewesen sei (das gilt, wie Schmitt selbst in »Politische Theologie II« betont hat, nur bis zum Aggiornamento Johannes' XXIII). Das ist auch der Grund, weshalb die Diktatur selbst schon ein Rechtsinstitut ist, das ist der Grund, weshalb allein der Staat dem Bürgerkrieg durch Souveränität nach innen ein Ende machen kann. Der Sinn des totalen Staates, der keine Adiaphora mehr zuläßt, liegt in der Sistierung des Kampfes von Gut und Böse.[43]

Noch in der Unausweichlichkeit äußerer Kriege zeigt sich die polemische Geschichte. Und wenn der Staat sich mit anderen Staaten, völkerrechtlich gesehen, stets in latentem Kriegszustand befindet, unterscheidet Schmitt doch

41 Verfassungslehre, Berlin 1928, S. 163ff.

42 »Römischer Katholizismus und politische Form«, Hellerau 1923.

43 Carl Schmitt: Die Wendung zum totalen Staat, in: Positionen und Begriffe, Hamburg 1940, S. 146-155. Karl Forsthoff: Der totale Staat, 1933.

zwischen Feind und Gegner, zwischen Krieg und Haß[44] in der verzweifelten Hoffnung und der insistenten Behauptung, dadurch den Krieg erträglicher zu machen, einzudämmen, zu hegen.[45]

Denn der Staat ist der Katechont, der Aufhalter, der den endgeschichtlichen Kampf zwischen Gut und Böse verhindert, der die Wiederkunft des Herrn verzögert.[46] Das hat der Staat mit der katholischen Kirche gemeinsam, daß der apokalyptische Kampf zwischen Gut und Böse, der das 1000jährige Reich einleiten soll,[47] durch Institutionalisierung verhindert wird. Im Kampf um das Ende der Welt sind Staat und Kirche die doppeldeutigen Institutionen, die nicht durch Zweckmäßigkeit oder Vernunft, nicht durch erkennbaren Auftrag sich ihre Rechtsform geben, sondern deren Legitimität allein in ihrer Stabilität liegt. Sie stabilisieren mit Macht irdische Verhältnisse, halten das himmlische Glück auf; und damit sind auch sie noch von der Zweideutigkeit des Irdischen bedroht.

3. Der Abglanz der Gewalt

Die Institutionen wissen sich deshalb, weil sie Stabilitäts*ansprüche* stellen, kontingent. Die Souveränität, auf der sie beruhen, ist nur Abglanz. Und noch dieser Abglanz ist verdunkelt durch den historischen manichäischen Begriffskampf. Was wir von Souveränität wissen, zeigt sich

44 Über das Verhältnis von Krieg und Feind, 1938 in: Positionen und Begriffe, S. 244-250.

45 Dazu: Der Nomos der Erde und das Ius Publicum Europaeum, Köln 1950.

46 2 Thes. 2,6.

47 Apokalypse des Joh. 20.

nur in unserer Entscheidung. Von der göttlich gedachten Souveränität können wir nicht eigentlich wissen. Denn Sein Leben ist in der Trinität, das eigentliche Wissen bleibt uns verborgen. Und so bleibt Gott selber ohne Gegensatz: Nemo contra deum, nisi deus ipse.[48] Aber das Faktum der Kontingenz, die Möglichkeit des Endes, ist der Abglanz seiner Souveränität. Seine Macht, sein unhintergehbarer Entschluß ist, daß er »sprach und es ward«. Erst Schöpfung, göttliche Entäußerung, ist menschlich faßbar. Aber daß es Entäußerung ist, ist allein der Abglanz der Macht. Wissen der Schöpfung ist wegen der prinzipiellen Zweideutigkeit im Manichäismus nicht zu erwarten. Allein die Tatsache, daß etwas ist, das Faktum selbst, ist Beleg Seiner Macht. Daß diese Allmacht Gottes, Seine schlechthinnige Souveränität, sich im menschlichen Befehl und Gehorsam als Abglanz zeigt, das macht das schwarze Licht aller politischen Theologie unter den Bedingungen einer unkenntlichen Geschichte aus.

48 Carl Schmitt: Politische Theologie II, Berlin 1970. Dazu Blumenberg: Arbeit am Mythos, Frankfurt 1979, S. 559f.

C. Situation und Ereignis: Heideggers Geschichte

Einigkeit, denke ich, besteht über folgenden Sachverhalt:
Heidegger tritt am 1. Mai 1933 der NSDAP bei (Nr. 3124894). Er versucht, die Führerschaft der deutschen Philosophie auch institutionell zu übernehmen, und scheitert bei diesem Plan. Er zieht sich zurück und philosophiert weiter – ob anders als vorher oder nicht, ist zunächst unklar, er bezahlt aber weiter seinen Beitrag, wenn er auch in Vorlesungen oder im privaten Kreis – zahlreichen Zeugnissen zufolge – sich von den Nazis distanziert. Aber noch 1938 bescheinigt er Max Müller, dem katholischen Religionsphilosophen, dessen Distanz zum Staat und verbaut ihm die akademische Karriere.[1]

1. Die Situation: Heidegger als Erzieher

Die Verbindung von gelungenem Leben und Philosophie hängt mit Ethik und Politik zusammen. Freilich: Politik und Ethik im landläufigen Sinne hat Heidegger nicht gelehrt – aber die Fundamentalontologie seiner Daseins-Philosophie hat ethische Dimensionen, die mit dem gelungenen Leben zusammenhängen. Diese Dimension ist der gesamte Bereich, den man mit »existentialistisch« zu bezeichnen gewohnt ist; das ist zugleich der Konvergenz-

1 Daten in: Bernd Martin: Heidegger und das Dritte Reich, Darmstadt 1989.

bereich zur auf Dasein gedeuteten »eigentlichen« Geschichte.
Der zentrale Terminus für die ethische Dimension seiner Philosophie, ein Terminus, den man auch auf Heideggers nationalsozialistisches Engagement anwenden kann, ist »Entschlossenheit«. Diese Entschlossenheit ist das Risiko, seine Zukunft – im Angesicht des Todes – als die eigene in die Hand zu nehmen. Und wenn irgend etwas auch die nationalsozialistische Aufbruchsstimmung von 1933/34 trägt, dann ist es diese »Entschlossenheit«.
Der Begriff läßt sich am ehesten von »Sein und Zeit« her fassen. Entschlossenheit ist die im eigenen Leben vorlaufende Sorge, mit der sich das Dasein dem »Sein zum Tode« stellt. Erst dadurch, daß das Dasein sich der Geworfenheit in seine Situation bewußt wird und sich seiner Endlichkeit, die durch den Tod begrenzt und damit bestimmt wird, stellt, kommt es »in die Existenz«. In dieser Begrenzung merkt es, was das je-Seinige, seine persönliche Identität, was existentialistisch »eigentlich« ist, was das ihm Gehörige ist. Das »eigentliche« Denken definiert sich vom eigenen Ende her und bekommt erst dadurch die Ganzheit, die die Identität des »Daseins« ermöglicht.
Den richtigen Existentialisten könnte man, in Anlehnung an den »Helden der Arbeit«, als »Helden der Eigentlichkeit« bezeichnen. Diese Eigentlichkeit weist in ihrem Vollzug – und als Vollzugsanweisung ist Existentialismus praktisch und ethisch – über das akademisch-theoretische gedankliche Muster hinaus. Sie ist hart in den Forderungen, sowohl an sich selbst als auch an die Situation. Der Aufruf an die deutschen Studenten, den Heidegger am 3. November 1933 für die Freiburger Studentenzeitung schrieb – (sicher kein großes, überregionales Blatt, aber

immerhin: die Studentenschaft war 1933 rechts, viel früher als die eher unpolitisch-liberalen Professoren[2]) –, ist da wahrscheinlich symptomatisch:

»Deutsche Studenten!
Die nationalsozialistische Revolution bringt die völlige Umwälzung unseres deutschen Daseins.
An Euch ist es, in diesem Geschehen die immer Drängenden und Bereiten, die immer Zähen und Wachsenden zu bleiben.
Euer Wissenwollen sucht das Wesentliche, Einfache und Große zu erfahren.
Euch verlangt, dem Nächstbedrängenden und Weitestverpflichtenden ausgesetzt zu werden.
Seid hart und echt in Euerem Fordern.
Bleibt klar und sicher in der Ablehnung.
Verkehrt das errungene Wissen nicht zum eitlen Selbstbesitz. Verwahrt es als den notwendigen Urbesitz des führerischen Menschen in den völkischen Berufen des Staates. Ihr könnt nicht mehr nur die ›Hörenden‹ sein. Ihr seid verpflichtet zum Mitwissen und Mithandeln an der Schaffung der künftigen hohen Schule des deutschen Geistes. Jeder muß jede Begabung und Bevorzugung erst bewähren und ins Recht setzen. Das geschieht durch die Macht und den kämpferischen Einsatz im Ringen des ganzen Volkes um sich selbst.
Täglich und stündlich festige sich die Treue des Gefolgschaftswillens. Unaufhörlich wachse Euch der Mut zum Opfer für die Rettung des Wesens und für die Erhöhung der innersten Kraft unseres Volkes in seinem Staat.

2 Bernd Martin: Heidegger und das Dritte Reich, S. 5, vgl. Anselm Faust: Der Nationalsozialistische Deutsche Studentenverband, Düsseldorf 1973, S. 17ff.

Nicht Lehrsätze und ›Ideen‹ seien die Regeln Eures Seins.
Der Führer selbst und allein ist die heutige und künftige deutsche Wirklichkeit und ihr Gesetz. Lernet immer tiefer zu wissen: von nun an fordert jedwedes Ding Entscheidung und alles Tun Verantwortung.
Heil Hitler.
Martin Heidegger, Rektor.«[3]

Neben einem Pathos, das in den Formeln wahrscheinlich substituierbar ist durch »Gefühl und Härte«, ist das in wesentlichen Bereichen ein Erziehungsprogramm. Erziehungsziel: Existentialistische Eigentlichkeit. Die Kernbegriffe, die diese Erziehung zentrieren:
- Selbstbehauptung,
- Konkrete Situierung im Volk[4],
- der erforderte Entschluß im Augenblick,
- der Mut, sich selbst zu wagen.

Das ist natürlich auch ein Programm der Jugendbewegung, aus grauer Städte Mauern heraus, ein Programm zur Eigentlichkeit, ein Programm, der akademischen Zivilisation zu entkommen, ein Programm, das zu Lagerromantik (wie Heidegger sie mit Freiburger Studenten erlebt hat) und zur Selbsterprobung (bis zur Sportideologie) getrieben werden kann.

3 Zit. nach: Bernd Martin: Heidegger und das Dritte Reich, Darmstadt 1989, S. 177.

4 Hier liegt ein Hauptunterschied zum kommunistischen Totalitarismus, der die weltgeschichtliche Situierung anders leistet: im Proletariat, das aber als weltgeschichtliches Subjekt den historischen Prozeß ähnlich wie ein auserwähltes Volk den Prozeß der Geschichte abschließt. Im übrigen aber ist die Konkretisierung mit den dezisionistischen Elementen wesentliches Merkmal der praktischen Philosophie.

Die zentrale Bestimmung dieses Erziehungsprogramms, durch den eigenen Tod »eigentlich« zu werden, diese Eigentlichkeit kann allerdings immer nur simuliert werden, eine gespielte Eigentlichkeit jedes einzelnen, eine gespielte Je-meinigkeit.

Und genau da liegt das Problem: Es war ein intellektuelles Risiko, das sich bald als mißlungen herausstellte, ausgerechnet die »Revolution« (wie Heidegger, dem Sprachgebrauch folgend, noch 1935 in den Vorlesungen »Einführung in die Metaphysik« schrieb) von 1933 mit der historischen Chance, hier sei es möglich, die Eigentlichkeit politisch zu verwirklichen, als historische »Situation« zu identifizieren. Aber das war nicht nur ein Risiko, das aus der Notwendigkeit zur Entscheidung erwuchs. Es gab hermeneutisch für diesen Entschluß keine Begründung. Er war sozusagen der Überschuß des Existentialismus über die hermeneutisch-analytische Begründungsmöglichkeit. Wo individuelle Erfahrung sich als allgemeine interpretiert, wo Zeitlichkeit als Geschichtlichkeit ausgegeben wird, da gerät Geschichte als absoluter Begriff ins Stocken. Der Existentialismus bringt die Weltgeschichte durch Individualisierung und Eigentlichkeit zum Stillstand. Zwar war Eigentlichkeit, etwas weniger pathetisch gesprochen, die Definierbarkeit eines individuellen zeitlichen Lebens, nur von Anfang und Ende her möglich. Für die Lebenden konnte man das Ende zwar nicht wirklich »eigentlich« erfahren, aber immerhin antizipieren. Genau dieses gilt *nicht* für die Situierung eines Daseins in einer geschichtlichen Epoche. Ob eine Epoche zu Ende, also »ganz« bzw. identisch und identifizierbar ist, ob sie am Ende geleistet hat, was sie (vielleicht an Eigentlichkeit) versprochen hatte, weiß man erst nachher, erst nach ihrem Ende.

Das macht im übrigen auch Utopien riskant – obgleich sie als Entwürfe unentbehrlich scheinen. Sie dürfen Geschichte = Unvollendetheit nicht schlechterdings historisch festsetzen, d.h., sie dürfen weder Politik als absoluten Begriff noch absolute Begriffe in der Politik anbieten. Hermeneutik, so wie sie in »Sein und Zeit« dargestellt wird, gibt weder eine Möglichkeit dazu her, Geschichte zu sistieren, noch bietet sie eine Methode dafür, in der eigenen Zeit sicher zu wissen, wohin die Reise geht, d.h. genauer, was die »eigentlichen« Tendenzen in der eigenen historischen Zeit sind. Die eigene Situation ist weltgeschichtlich schlechterdings nicht zu definieren. – Das ist ein Argument gegen alle Eschatologen. Eschatologien sind politisch riskant, das gilt für die rassistischen Endzeitvorstellungen der Nazis genauso wie für die kommunistische Geschichtsphilosophie von der Vereinigung von Staat und Gesellschaft.

All dies ist aus »Sein und Zeit« lernbar. Wenn man etwas aus diesen Erwägungen festhalten will, dann dies: Das, was für die Hermeneutik des »Daseins« gilt – nämlich die absolute Eigentlichkeit der Existenz im Vorlauf zum Tode, die die eigene Identität vom Ende und Ziel her bestimmt –, genau das läßt sich für die je historische Gegenwart nicht leisten.[5]

Die Hermeneutik des Daseins – die Existenzphilosophie – ist deshalb überfordert, wenn sie sich innerhalb geschichtlicher Dimensionen einen Platz zur Verwirklichung verschaffen will. Heideggers intellektuelles Risiko bestand darin, als »Existenzphilosoph« Erzieher sein zu wollen – und dieses Risiko ist nach kurzer Zeit gescheitert.

5 Vgl. Schmidt-Biggemann: Zeiterfahrung und Zeitgeist. Über das intellektuelle Risiko unserer Gegenwartserkenntnis, in: Philos. Jb. der Görresgesellschaft 1985, S. 239-254.

11. Von der Eigentlichkeit zum »Ereignis«

Daß es mit dem Dasein im entschlossenen Vorlauf zum Tode »nichts ist«, bringt das Dasein vor seine Eigentlichkeit. Darin besteht Heideggers Erfahrung des Scheiterns der Revolution von 1933. Aber ist das Dasein mit dieser Erfahrung vor seinem Sein? Ist das Dasein mit seiner zeitlichen Existenz eigentlich da, wo Heidegger mit »Sein und Zeit« hinwollte, nämlich beim Sein des Seienden – oder bleibt es bei sich selbst? Ist das Sein des Daseins in der Eigentlichkeit überhaupt wiederzufinden oder handelt es sich nicht vielmehr um das nichtige Verfügbarmachen dessen, was in seiner Zukünftigkeit, für das vorauslaufende Dasein »eigentlich« unverfügbar ist?

Müßte man nicht versuchen, das Vorlaufen des Daseins an sein Ende zu erweitern und die Frage nach dem Sein des Seienden nicht anhand des Daseins zu stellen? Wäre es nicht sinnvoll, nicht das Dasein, sondern das Sein insgesamt vor seine Negation, vor das Nichts zu stellen, um herauszubekommen, was es denn mit dem Sein auf sich habe? Heidegger hatte das schon 1929 in seiner Freiburger Antrittsvorlesung »Was ist Metaphysik?« getan. 1935 nahm er in der Vorlesung »Einführung in die Metaphysik« diese Fragestellung wieder auf. Er stellte die Leibnizfrage der Metaphysik »Cur potius aliquid quam nihil?« neu. Leibniz hatte diese Frage, die für ihn den größten Kompetenzbereich alles Denkbaren umfaßte, gestellt, um damit den Satz vom zureichenden Grunde und den Satz vom Widerspruch zu fassen.

Heidegger, dem Phänomenologen des Seins – wenn er denn so zu bezeichnen ist –, ging es nicht um den Satz des Widerspruchs, auch nicht um den »Grund« als ratio. Sein

Grund war nicht so darzustellen, daß Grund als Verursachung, als Auslöser von etwas gefaßt werde. Grund war eher das immer Anwesende, das, was immer und überall aufschien, ohne doch aufdringlich zu sein.[6] Die Frage »Warum ist überhaupt etwas und nicht vielmehr nichts?« – so Heideggers Übersetzung von Leibniz' Formel »Cur potius aliquid quam nihil?« – belegte eher, daß das Sein im Nichts – eine Formulierung aus Jacob Böhme – *urständet*, das Sein ohne das Nichts nicht denkbar ist und daß das Nichts sich als Verlust und Ermöglichung des Seins zeigt, so wie im Sein das Nichts »nichtet«, also wird.

Auch hier kann man ein wenig die expressionistische Luft aus der Formulierung herauslassen, indem man den Begriff des Werdens zu analysieren versucht: Der absolute Anfang dessen, was wird, kommt immer aus dem Nichts. Das ist so: Immer, wenn etwas wird, ist nachher etwas, was vorher nicht war. Dieser Sachverhalt des »Neuen« läßt sich schlechterdings nicht reduzieren. Das heißt: *etwas wird aus nichts*, und das ist ein Aspekt dessen, was Heidegger in den »Beiträgen zur Philosophie« »Ereignis« nennt.[7]

Die Frage »Warum ist überhaupt etwas und nicht vielmehr nichts?« kann vom »Dasein« mit den Mitteln der »Fundamentalontologie« nicht beantwortet werden, denn Dasein kann, wenn es überhaupt seine Eigentlichkeit, seine »Jemeinigkeit« im Vorlauf zu seinem Nichts verwirklicht, nur sein Sein, nicht das Sein schlechthin, nicht das Sein des Seienden in den Blick bekommen. Mit

6 Heidegger: Der Satz vom Grund, Pfullingen, 5. Aufl. 1978, S. 51f.

7 Vgl. M. Heidegger: Beiträge zur Philosophie (1936/37, gedruckt 1989), S. 30f. »Vom Ereignis«, wo es um den absoluten Anfang geht.

dem Sein »ist es nichts«. Das ist der Nihilismus, den Heidegger in den Nietzsche-Vorlesungen (1936/37) nicht müde wird, als das Ende und Telos der Metaphysik klassischer Prägung anzuprangern[8]: Der »Wille zur Macht« ist ihm die letzte, die höchste Antwort auf die Frage nach dem Sein, die die Metaphysik klassischer Prägung gestellt hat.[9] Die Ewige Wiederkehr des Gleichen und der Wille zur Macht zeigen, daß der Wille zur Macht nur das Geschehene (Ge-Wesene) hervorholt, um dieses Geschehene als Zukunft zu projizieren[10] (über-zu-setzen). Über den Willen zur Macht hinaus, den das Dasein in seinem – ihm allein verfügbaren – Sein praktiziert, »ist es nichts«. Das ist ein Kreislauf, der die Nichtigkeit alles Verfügbaren impliziert. Noch Nietzsches Übermensch ist nichts als das Verfügbare, das er hat, nichts als seine Selbst-Projektion. Die »Seinsgeschichte« ist dann die Geschichte der projektiven Verstellung des Nicht-Verfügbaren durch die klassische Metaphysik seit Plato.

Wenn das »Seyn« zum »Ereignis« wird, dann ist der Existentialismus von »Sein und Zeit« selbst ein Beitrag zur Seinsvergessenheit. Die Analyse der Nichtigkeit des menschlichen Handelns, in dem sich Übermenschen im Willen zur Macht selbst setzen, ist dann zugleich die

8 Nietzsche, Bd. 2, S. 335 ff.: Die seinsgeschichtliche Bestimmung des Nihilismus.

9 Nietzsche, Bd. 1, Anfang.

10 Nietzsche, Bd. 2, S. 7-29, bes. S. 9: »Die Gewesenheit ist die Befreiung des scheinbar nur Vergangenen in sein Wesen, die Über-Setzung zumal des scheinbar endgültig zurückgesunkenen Anfangs in seine Anfänglichkeit, durch die er alles ihm ankommende überholt und so zukünftig wird. Das wesende Vergangene, die je entworfene Seiendheit als verhüllte Wahrheit des Seins, überherrscht alles, was als gegenwärtig und, kraft seiner Wirksamkeit, als das wirkliche gilt.«

»Ewige Wiederkehr des Gleichen« und damit nichts, was nicht schon in der Verfügbarkeit des Seienden zu- und vorhanden wäre. Seinsvergessenheit und existentialistischer Aktivismus bedingen einander – und das gilt für die Technik,[11] die der Ausdruck dieser nihilistischen Seinsvergessenheit ist, genau so wie für die Ideologie der Machbarkeit von Weltgeschichte, die, wenn irgend etwas, den Nationalsozialismus bestimmt.

Aber was steht dem Endzeit-Machen des Nationalsozialismus entgegen? Heideggers nihilistische Interpretation der Metaphysik zeigt nur, daß mit der Verfügbarkeit über das Seiende nur *unsere* Verfügungsgewalt gemeint war, und daß es damit im Grunde seines Seins immer nur das Dasein ist, das, aktivistisch handelnd, das Sein zum Seienden verbiegt und verwindet.[12] Die Metaphysik ist nicht Perzeption von dem, was immer anwest, sondern die Erfahrung von dem, wie wir das Unverfügbare vergewaltigt haben. Läßt sich hinter dieser Anwesenheit etwas ausmachen, was sich ereignet, etwas, was aus der Verbiegung des Seins in seiner Geschichte als Wille zur Macht, zum Nihilismus und zur Ewigen Wiederkehr des Gleichen herausführt und im Seyn – jetzt mit y geschrieben – Raum zum »Ereignis« eröffnet?

Hier setzen die – wie es mit unnachahmlicher Prätention heißt – »Beiträge zur Philosophie« ein.[13] Daß das Erwartete sich ereigne in einer Weise, wie man es – wie anders – *nicht* erwartet hat, macht gerade das Ereignis aus. Aber

11 S. Die Frage nach der Technik, in: Vorträge und Aufsätze, Pfullingen 1954, S. 13-44.

12 Identität und Differenz, Pfullingen 1957, S. 25, vgl. Otto Pöggeler: Der Denkweg Martin Heideggers. Pfullingen 1963, Kap. VII.

13 Zu diesem Thema »Zum Ereignis« gibt es 1941/42 ein weiteres, noch nicht veröffentlichtes Manuskript Heideggers. Es soll in der III. Abteilung der gesammelten Werke erscheinen.

gerade darin liegt das Wesentliche (wenn man überhaupt »wesentlich« sagen kann) des Seinsgeschicks: Es hat für den, dem es geschieht, den Charakter der Offenbarung im genauen Sinne, den Charakter des Unverborgen-Werdens, der ἀλήθεια, der Wahrheit. Und dieses Ereignis hat dieselbe Denk-Figur wie die Theogonie und Theophanie in der Mystik: der absolute Anfang des »Werdens« ist ein klassisch mystischer Gedanke, das »Dunkel, weil Wesenheit so heimlichst anbeginnt« (Quirinus Kuhlmann).[14] »Deshalb wird im anderen Anfang des Denkens das Seyn als Ereignis erfahren, so zwar, daß diese Erfahrung als Erspringung alle Bezüge zum ›Seienden‹ wandelt.«[15] (Der falsche Anfang ist das Denken des Daseins.) Aber nicht wird etwas dergestalt, daß man jetzt den »Ungrund« oder den »Grund« dessen, was ist, logisch konstruiert (wie das bei Leibniz etwa der Fall ist[16]), sondern so, daß dieses Ereignis der Konstruktion des Grundes noch entzogen wird. So zeigt sich nicht, wie in der monotheistischen Mystik, der weltbegründende Gott, sondern das Seyn, das selber noch nicht Grund geworden ist, das Seyn vor der Bestimmung zum Seienden. Vielleicht kann man es als »Ur-Sprung«, immer nur im intentionalen Bezug auf den, dem es zum Ereignis wird, sehen. Und von diesen Voraussetzungen her gedacht kann das Seyn, das gerade dem Dasein nicht eigentlich ist, weil es ihm nicht zur Verfügung steht, sich im Kunstwerk,[17] bei Johann Peter He-

14 Quirin Kuhlmann: Der 62. Kühlpsalm (1680), in: Albrecht Schöne (Hg.): Das Zeitalter des Barock. Texte und Zeugnisse. 2. Aufl. München 1968, S. 253.

15 Beiträge zur Philosophie, S. 248.

16 Vgl. Schmidt-Biggemann: Zwischen dem Möglichen und dem Tatsächlichen, in: Theodizee und Tatsachen, Frankfurt 1988.

17 Der Ursprung des Kunstwerks, in: Holzwege, Frankfurt 1950, S. 7-68.

bel,[18] bei Hölderlin,[19] aber auch bei Heraklit,[20] dem Bewegten und Bewegenden, zeigen.
Das Ereignis, das, was mit dem Empfindenden geschieht, ist das Zentralmoment der »Kehre«, das dem Dasein in der Ehrfurcht vor dem zuschwingen kann, was sich der Technik entzieht.

III. Seinsgeschichte und Kehre des Seyns

Indem das Sein selber seine Geschichte in der Geschichte der Metaphysik erfährt, wird die Begrifflichkeit – wie bei Herder angelegt – selber ein Teil der Geschichte, die erzählt wird. Dann wird auch der Aufhebungsversuch der Geschichte in der Zeitlichkeit des Daseins, die den Sinn von Sein ausmachen sollte, nur zum Moment der Geschichte der Metaphysik.
Daß das Sein selber seine Geschichte habe, daß diese Geschichte zugleich die Geschichte der Seinsvergessenheit und Seinsverlassenheit des Daseins ist, das macht Geschichte zu einem Geschehen, dem jede Standpünktlichkeit schon Teil der Seinsvergessenheit ist.
Denn Ständigkeit ist das Wesen der Seinsvergessenheit. Das Moment von Geschichte, ihre Bewegung, impliziert aufs merkwürdigste die Widersprüchlichkeit, die die begriffliche Ständigkeit des Begriffs Geschichte aufgibt. Auch das ist ein Moment von Geschichte als absolutem Begriff: In der Geschichte hebt sich die Metaphysik selbst auf.
Die Geschichte der Metaphysik ist dem Bewegungsele-

18 Hebel – der Hausfreund, Pfullingen 1957.
19 Erläuterungen zu Hölderlins Dichtung, Frankfurt 1951.
20 Martin Heidegger – Eugen Fink: Heraklit, Frankfurt 1970.

ment der Geschichte gegenläufig: Sie ist Verfestigung des Seins im begriffenen Seienden. Die Verfestigung des Seienden in Idee und Begriff, die das »hier« und »da« identisch – und das heißt ständig – substanzhaft, begreifbar, wiedererkennbar machen soll, ist das Verhängnis der Seinsgeschichte. Seinsgeschichte ereignet sich als Festsetzung einer Begrifflichkeit, die das Wesen treffen will. Begrifflichkeit ist mithin die Verfügbarmachung des Seyns, ist Herrschafts-Wissen.
Die Verbegrifflichung des Seyns ist dann zugleich die Gegensteuerung gegen absolute Geschichte – und hier nimmt Heidegger Nietzsches Denunziation des Platonismus als Verfestigung des Lebens aufgrund von Ressentiment auf. Es ist zugleich die Verdeckung des Seyns des Seienden. Diese Verdeckung wird – eine Mustergeschichte des Seyns – als Denunziationsgeschichte erzählt. Motive der Geschichte: Selbstsetzung, zugehörige Selbstermächtigung und Objektbemächtigung. Der Verlauf: Die Subjektivität setzt sich selbst und wird in ihrer Selbstgewißheit Herr ihres Gegen-Standes. Ein absolutes System, »Ge-Stell« aus der Vor-Stellung der Selbst-Vorstellung und der Nicht-Selbst-Vorstellung des anderen zugleich: Vereinnahmung des selbständigen Objekts ins absolute Subjekt. Das System vereinnahmt das Objekt und macht Sein zum Erkannt-Sein. Diese Vereinnahmung, diese Ermächtigung des Subjekts hat keine Gegenständlichkeit mehr nötig, denn es bemächtigt sich aller Nicht-Identität. So ist das *Setzen* nur noch willentlich, der Wille – notlos und diese Notlosigkeit verkennend – setzt sich nur noch selbst: die Ewige Wiederkehr des Gleichen und der Wille zur Macht sind so Substanz der Metaphysik.
Aber diese Substanz der Metaphysik enthält statt Stän-

digkeit nur Flüchtigkeit. Die gesetzten Werte erweisen sich nur als dienlich. Sie sind in ihrer Ständigkeit dem Willen zur Macht untergeordnet, sie sind von der Flüchtigkeit des Nihilismus.

Das ist die metaphysikgeschichtliche Position, in der Heideggers »Sein und Zeit« steht. »Sein und Zeit« holt das Sein zwar aus der Seinsvergessenheit des Willens zur Macht zurück, freilich noch als Fundamentalontologie, als gegründet im Dasein. Erst Heideggers Spätphilosophie »Vom Ereignis« kehrt die Gründung um: Geschichte wird in der Raum-Zeit selber zur Implikation des Ereignisses, indem Raum-Zeit sich eröffnet in der Gründung des kehrigen Ereignisses im Dasein. »Das Seyn als Ereignis ist die Geschichte; von hier aus muß deren Wesen, unabhängig von der Werdens- und Entwicklungsvorstellung, unabhängig von der historischen Betrachtung und Erklärung, bestimmt werden.«[21]

Ereignis ist die Unbegrifflichkeit, mit der Heidegger aus der Seinsgeschichte entkommen und das Seiende im Seyn innesein lassen will. Seyn zeigt sich, wenn es sich denn zeigt, nicht in der ständigen Unverborgenheit, sondern in der »Lichtung des Verbergens«,[22] die schwindet, wenn sie begriffen wird. »Das Seyn ist die Erzitterung des Götterns«,[23] im Zittern die Unständigkeit zwischen Sein und Nichts, zwischen Zuwendung und Abwendung, zwischen Zuschwung und Abschwung zeigend und verbergend. Für das Dasein, das sich im Sprung in diesen eröffneten Abgrund verliert, eröffnet sich im Zittern die »Raum-Zeit«, verbirgt und entbirgt sich in infinitesimaler Zeitlichkeit das Seyn.

21 Beiträge zur Philosophie, S. 494.
22 Beiträge zur Philosophie, S. 347, 348.
23 Beiträge zur Philosophie, S. 239.

Geschichte des Augenblicks, Rücknahme der Geschichte ins erfüllte Nu, das ist Heideggers Vernehmen des Seyns, zugleich seine Konstitution von Geschichte als abspringend bergendes Innesein.

Dies ist eine Geschichte einer elementaren phänomenologischen Bedeutungsbeschreibung, eine Art Elementargeschichte der Evidenz. Sie entspricht durchaus dem, was Husserl in den cartesianischen Meditationen von Evidenz verlangt hat: »Selbsterscheinung«, »Sich-selbst-Darstellen«, »Sich-selbst-Geben«.[24] Aber im »Ereignis« hat das »selbst« der Evidenz keine begriffliche Struktur mehr. Es ist der Versuch, hinter der Mustergeschichte der abendländischen Metaphysik etwas darzustellen, was sich nur durch die rückläufige Entbergung aufzeigen läßt. Allein im Rückgang hinter das Verbergende kann demjenigen, was verborgen wurde, die Möglichkeit eröffnet werden, sich zu zeigen. Dieser Gedankengang funktioniert wie Nietzsches Denunziationsgeschichte der Hinterwelt. Heidegger überbietet diese Geschichte, indem Nietzsche selber noch als Instanz der Seynsvergessenheit erscheint.

Wie alle, die denunziatorische Mustergeschichten erzählen, muß sich auch Heidegger bei seiner Seinsgeschichte fragen lassen, warum er so klug sei. Freilich gilt bei hi-

24 Husserl: Cartesianische Meditationen, Husserliana Bd. 1, hg. von F. Strasser, Den Haag 1950, S. 92: »Im weitesten Sinne bezeichnet Evidenz ein allgemeines Urphänomen jedes intentionalen Lebens – gegenüber sonstigem Bewußthaben, das a priori leer, vormeinend, indirekt, uneigentlich sein kann, die ganz ausgezeichnete Bewußtseinsweise der Selbsterscheinung, des Sich-selbst-Darstellens, – des Sich-selbst-Gebens einer Sache, eines Sachverhaltes einer Allgemeinheit, eines Wertes usw. im Endmodus des Selbst da, unmittelbar anschaulich, originaliter gegeben.«

storischen Mustergeschichten zweierlei: 1. Die Frage nach dem Warum ist in der irrationalen Zeitlichkeit der absoluten Geschichte sinnlos. Und so bleibt 2. nur der Anspruch auf Plausibilität und vernehmenden Nachvollzug: De te fabula narratur.

D. Entzweiung im Schein der Versöhnung: Adornos Aufklärung über Geschichte

1. Aufklärung

Daß Geschichte als Entzweiung entsteht, daß sie nur denkbar ist als Ende einer ursprünglichen Einheit, diese Dialektik des Neuen ist seit Herders Entdeckung des absoluten Begriffs von Geschichte offenbar. Immer dann, wenn Geschichte nicht in Einheit aufgehoben, wenn die Hegelsche theologische Synthese verweigert wird, bleibt der Zeitcharakter als Veränderungsindex der Geschichte bestehen, bleibt Geschichte absoluter Begriff.

Begrifflichkeit ist selbst der Versuch, Geschichte als absoluten Begriff zu sistieren. Das macht es aus, daß Aufklärung, daß Rationalität als Herrschaft über das begriffen wird, dem Herrschaft nicht bekommt, das durch Herrschaft zerstört wird. Das gilt für Adornos Aufklärungskonzeption ebenso wie für Heideggers Polemik gegen Begrifflichkeit. Für Adorno ist Aufklärung immer Herrschaftswissen;[1] daß sie Verstrickung und Notwendigkeit zugleich ist, bleibt Ostinato seiner Philosophie von der mit Horkheimer zusammen verfaßten »Dialektik der Aufklärung« (1947) an bis zur »Ästhetischen Theorie« (1970). Aufklärung ist für Adorno nicht nur die Epoche zwischen 1680 und 1790, Aufklärung ist ein Denkhabitus. Sich-Aufklären, andere-Aufklären ist immer der Habitus der Rationalität und als solcher der Prozeß der Verbegrifflichung. Aber genau dieser Prozeß

1 Dialektik der Aufklärung. Ges. Schriften Bd. 3, 1984, S. 20: »Macht und Erkenntnis sind synonym.«

ist zugleich der Entzweiungs- und deshalb Verstrickungszusammenhang in den Netzen der Selbst-Herrschaft.[2] Es gehört zur Aufklärung dazu, daß die Aufklärung mehr Schaden hinterläßt als Nutzen und trotzdem unausweichlich ist.

Entzweiung ist der Motor von Adornos Geschichte. Entzweiung ohne Versöhnung beginnt schon mit der Festsetzung des Mythos. Bereits die Organisation mythologischer Geschichten durch Homer ist aufklärerische Bemächtigung an der zarten lebendigen Integrität des Mythischen. Die Argumentation ist einfach: dadurch, daß lebendige Vielfalt vereinheitlicht wird, wird identifiziert und kanonisiert. Dadurch, daß kanonisiert wird, wird ausgeschieden. Omnis determinatio est negatio.

Der organisierte Mythos erzählt sich nicht mehr in kultischen Zusammenhängen, er ist nicht mehr die natürliche Reproduktion der Natur, sondern es geht jetzt darum, wie Adorno konstatiert, das Natürliche berechenbar, meßbar zu machen. Die Natur wird verdoppelt, ihr wird ihr Maßstab konfrontiert. Schon darin besteht Entzweiung; und so ist jede Form der Kultur immer schon Entzweiung.[3] Das gilt für alle Abbildlichkeit, schon für die elementarsten Formen von Schrift. Indem die Natur

2 Ebd. S. 44: »Je mehr die Denkmaschinerie das Seiende sich unterwirft, um so blinder bescheidet sie sich bei dessen Reproduktion. Damit schlägt Aufklärung in die Mythologie zurück, der sie nie zu entrinnen wußte.«

3 Ebd. S. 56: »Die Absurdität des Zustandes, in dem die Gewalt des Systems über die Menschen mit jedem Schritt wächst, der sie aus der Gewalt der Natur hinausführt, denunziert die Vernunft der vernünftigen Gesellschaft als obsolet. Ihre Notwendigkeit ist Schein, nicht weniger als die Freiheit der Unternehmer, die ihre zwanghafte Natur zuletzt in den unausweichlichen Kämpfen und Abkommen offenbart.«

durch ein Zeichen wie ein magisches Bild oder die Schrift festgesetzt wird, unterliegt sie der Herrschaft, denn sie wird zum Instrumentarium der Kommunikation. Sie ist mit sich selbst durch Begrifflichkeit entzweit. Dieser Prozeß ist als Kulturprozeß schlechterdings irreversibel. Es gibt keine Versöhnung in dieser Entzweiung. Hofft man auf Einheit, kann man sie nur negativ durch diese Entzweiung erahnen. Wie anders? Der Schein der Versöhnung zeigt sich nur in der Entzweiung.[4]
Entzweiung ist der Emanationsprozeß des unerkennbar Versöhnten in die Geschichte, sie zeigt sich als Leid und Not der Unversöhnlichkeit. Deshalb ist Welt selbst ein Verstrickungszusammenhang, weil die Begriffsherrschaft begrifflich nicht versöhnt werden kann; die Sinnlosigkeit der Herrschaft ist unausweichlich.
Daß die Begriffsherrschaft unausweichlich ist, daß das principium individuationis die Realität ausmacht, ist ein zentrales Argument aus Schopenhauers »Welt als Wille und Vorstellung«: Wenn das Große, Lebendig-Unbegreifliche, das bei Schopenhauer Wille heißt, sich verströmt, dann ist die Rationalität, die die Identität jedes Dinges, die das principium individuationis ausmacht, die Vereinzelung, die im Bewußtsein eines jeden einzelnen liegt, dann ist sie das Bewußtsein, die »Vor-Stellung« die notwendige und verhängnisvolle Trennung des einzelnen vom Gesamtstrom des natürlichen Willens. Daß so der Wille zur Vorstellung wird und die Einheit ins Begriffliche negiert wird, ist ein Grundmuster des Denkens, das

4 Minima Moralia. Ges. Schriften Bd. 4, Frankfurt 1980, S. 41, Nr. 17: »Die Signatur des Zeitalters ist es, daß kein Mensch, ohne alle Ausnahme, sein Leben in einem einigermaßen durchsichtigen Sinn, wie er früher in der Abschätzung der Marktverhältnisse gegeben war, mehr selbst bestimmen kann.«

sich bei Adorno auch in den »Minima Moralia« zeigt und das in der »Negativen Dialektik« die Verweigerung der Versöhnung selbst thematisiert.[5]
Die treffendste Allegorie für die Entzweiung durch Kultur, also für Aufklärung, hat Adorno zusammen mit Horkheimer schon in der »Dialektik der Aufklärung« dargestellt: Es ist Odysseus, an den Mast gebunden.[6]
Odysseus fährt an den Sirenen vorbei. Er will sie hören, denn er hat erzählt bekommen, daß sie schön singen, so schön, daß jedermann, wenn er sie hört, in ihren Bann gezogen und dann getötet wird. Seine List: Er läßt sich an den Mast binden, befiehlt den Gefährten, deren Ohren er mit Wachs verschließt, seinen Befehlen nicht eher wieder zu gehorchen, bis die Vorbeifahrt gelungen ist. So hört er, gefesselt leidend, die unaussprechliche Schönheit der Musik.
Worin besteht die List des Odysseus? In Herrschaft durch Entzweiung, durch Arbeitsteilung. Das ist zugleich Adornos Konzept der Ökonomie: Herrschaft ist das Wissen der überlegenen Schlauen, das privilegierte Wissen, das ermöglicht, höheren Genuß auf Kosten anderer zu erlangen. Kultur entsteht überhaupt nur auf Kosten anderer. Kunst zeigt sich nur im Leid, sie ist nur von Gebundenen zu ertragen. Zugleich sind die Gebundenen die Herrschenden: Denn die nicht Gebundenen, die an-

5 Vgl. Minima Moralia, S. 20, Motto des ersten Teils: »Das Leben lebt nicht.« Negative Dialektik, Ges. Schriften 6, Frankfurt 1973, S. 146: »Gerade das unersättliche Identitätsprinzip verewigt den Antagonismus vermöge der Unterdrückung des Widersprechenden. Was nichts toleriert, das nicht wie es selbst wäre, hintertreibt die Versöhnung, als welche es sich verkennt. Die Gewalttat des Gleichmachens reproduziert den Widerspruch, den sie ausmerzt.«
6 Dialektik der Aufklärung, a.a.O. S. 61ff.

dern also, die die Arbeit tun, sind die Verstümmelten – sie sind wegen der Herrschaft, der verstrickenden Herrschaft der Aufklärung, vom Genuß ausgeschlossen, denn sie sind taub.

Nur der herrschend-Gefesselte bekommt noch den letzten Rest davon mit, was eigentlich Kunst war: das betörend Tödliche, das gefährlich Verschlingende. Der Geist der Musik ist eben dionysisch und apollinisch zugleich; die Folge: die Intellektuellen haben mit dem Privileg auf Kunst auch zugleich das aufs permanent schlechte Gewissen.

Für Adornos historischen Materialismus geschieht Aufklärung, wenn Arbeitsteilung und mit ihr notwendig Herrschaft entsteht, wenn die Vernunft sich als herrschend begreift und sich mit dieser herrschenden Vernunft Privilegien für die Stabilisierung der eigenen Entzweiung verschafft.

Allerdings – und das ist die Folge dieser »Dialektik der Aufklärung« – diese Aufklärung ist so wenig gegen pädagogische Besserwisserei gefeit wie andere Aufklärungen auch; Aufklärungen neigen nicht zum Humor. Wo Intellektuelle ihre Sensibilität zum Markt tragen, an dem sie leiden, müssen sie wohl mit dem Spott der dann »banausischen« Erziehungsunwilligen rechnen:

»Annabelle, ach Annabelle,
du bist so herrlich intellektuell,
ich bitte dich: komm sei so gut,
mach meine heile Welt kaputt.«[7]

Das Entzweiungsverhältnis, wie es Adorno und Horkheimer am Bild des gefesselten Odysseus aufzeigen, läßt bei Kultur kein gutes Gewissen, keine Versöhnung zu; am

7 Schlager von Reinhard Mey zum einschlägigen Thema.

Ende steht Verzweiflung. Das ist der Sinn der Kritik der »Kritischen Theorie«.[8] Auch wenn Adorno nicht so etymologisch die Wortkörper zu zerlegen pflegt wie Heidegger, Ent-zwei-ung und Ver-zwei-flung zeigen beide die Unversöhnlichkeit, deren Konzeption Adorno von Kierkegaard hat. Adorno hat Kierkegaards Begriff der Verzweiflung im Irdischen angesichts der Verborgenheit Gottes gesellschaftlich gefaßt: angesichts der Unausweichlichkeit der Herrschaft ist die Versöhnung nur noch als Abschein möglich, freilich nicht als Abschein der Erlösung durch Gott, sondern vielleicht im Schein der verstummenden Kunst. Dieser nur durch Kunst melancholisch versöhnbare Pessimismus gehört zum Lauf der unausweichlichen Geschichte bei Adorno. Es ist zugleich die Geschichte jeder Prozeßmaterie, es ist die Konzeption von Adornos Materialismus.

II. Materie und Sublimation

Adornos materialistisches Konzept: Geschichtenzusammenhänge, Begriff und Maß, Schrift und Sprache ordnen Natur, machen Materie erst im nachhinein zu dem, was sie nie war: zum Stoff. Denn Kultur ist selbst Entzweiung aus der Prozeßmaterie (Bloch);[9] Arbeitsteilung ist die ursprüngliche begriffliche Teilung des Unbegrifflichen in Begriff und Objekt.

8 Vgl. dazu: Max Horkheimer: Traditionelle und kritische Theorie, (1937), in: Gesammelte Schriften. Hg. von Alfred Schmidt und Gunzelin Schmidt-Naerr, Frankfurt 1988, Band 4, S. 162-216, bes. S. 180-190.

9 Vgl. E. Bloch: Das Materialismusproblem, seine Geschichte und seine Substanz. Ges. Werke, Bd. 7, Frankfurt 1972. (Es handelt sich um die Vorlesungen von 1934.)

Es zeigt sich, daß Adornos Entzweiungsschema außerordentlich leistungsfähig ist, das Schema hat etwas von einem Passepartout. Wenn aber ein Schlüssel überall schließt, ist er auch für nichts mehr spezifisch. Diese Art von Passepartout-Charakter macht es schwer, überhaupt andere Gedanken möglich werden zu lassen als die Vorstellung einer Entzweiung als absoluter Verstrickungsgeschichte.

Prozeßmaterie, Materie als Kraftstrom, wird in der ursprünglichen Entzweiung selbst in Kraft und Stoff dissoziiert. Die Kraft ist die Materie der Sublimation; das ist ein psychoanalytisches Modell. Daß auch Kraft der Herrschaft der Begrifflichkeit erneut unterworfen wird, macht den Unterdrückungscharakter der Rationalität aus. Dieser Unterdrückungscharakter zeigt sich darin, daß die sinnliche Kraft der Materie, die die Lust der Sinnenwesen ist, in der Gesellschaft rational diszipliniert wird. Moral ist Folge der arbeitsteiligen Entzweiung in der Herrschaft der Rationalität. Sie entsteht in der Dissoziation von moralischer Disziplinierung und antinomistischer Sinnlichkeit. Disziplinierungsinstanz und zugleich Symptom der Entzweiung: das schlechte Gewissen. Das ist die materialistische Geschichte der Moral aus Arbeitsteilung, aus der Entzweiung zugunsten der disziplinierenden Rationalität kapitalistischer Verhältnisse. Es ist die Geschichte der Herrschaft der Moral in der Aufklärung. Hier herrscht Sublimation. Nicht die Lust selbst herrscht. Das psychoanalytische Schema der kritischen Theorie: Sinnlichkeit ist in Moral und Lust unversöhnlich entzweit, die Moral ist die sublimierte, die vergeistigte Form sinnlicher Herrschaft, eine Lust an der Herrschaft der Rationalität auf Kosten der Lust der Sinnlichkeit. Das, was man soll, verkehrt das, was man eigentlich will; Sublimation stabilisiert Herrschaft.[10]

Sublimation ist Selbstdisziplinierung, aber auch Selbstdisziplinierung ist Entzweiung in sinnliche Lust und moralisches Sollen. Wo Entzweiung Kultur ausmacht, ist die Stabilisierung des Sublimierten dasjenige, was Kultur stabilisiert. Sublimation besteht darin, daß man Ersatzhandlungen zur Stabilisierung der unberechenbaren sinnlichen Lust vornimmt, Ersatzhandlungen im Geistigen. Die Entzweiung der Materie in Sinnlichkeit und Geist präzisiert sich dahin, daß man kontrolliert dasjenige, was sich als sinnlicher Drang aufdrängt, nur imaginativ tun kann. So zeigt sich die Unterdrückung durch die moralische Rationalität der Arbeitsteilung. Die Sphäre des Geistes, die Sphäre der Sublimation und Verdrängung der Realität läßt nur einen Residualbereich der Imagination zu. Aber die Rationalitätszwänge der Vernunft verdrängen mit ihrem Herrschaftsanspruch und ihren moralischen Sollensgesetzen die Freiheit des Imaginativen. Und so ist das Verhältnis von Imagination und Rationalität verzweifelt. Es ist der verzweifelte Versuch der Imagination, den Zwängen der Rationalität zu entkommen – sich ohne Markt, ohne Begriffe, ohne Verstrickung darzustellen und genau dieses nie zu können.

Hier dissoziieren sich Moral und Kunst. Denn die Rationalität der Moral ist selbst in ihrem Rationalitätscharakter vom Charakter einer Ware, berechenbar und begrifflich. Dafür steht – schon seit der »Dialektik der Aufklärung« – das Werk de Sades.[11] De Sade zeige, wie der Autonomieanspruch der Moral umkehrbar sei, wie die instrumentelle

10 Vgl. Adorno u.a.: Studies in Authoritarian Personality. Ges. Werke Bd. 9, Frankfurt 1975, S. 143-508.

11 Dialektik der Aufklärung, S. 100-140.

Perversion der Vernunft die Autonomie der Moral mitumfasse. So beherrscht auch im Materialismus – und in dieser Beziehung nicht von Nietzsche unterschieden – der absolute Begriff von Geschichte die Moral. Die Moral selbst ist nur der falsche Schein der Versöhnung, es ist die durch Vernunft erzwungene, zwanghafte Versöhnung. Sie zeigt selbst nur die Rationalität der Unterdrückung, nicht den Anschein der Versöhnung. Versöhnung zeigt sich nur – verstummend – in der Kunst.

III. Der Schein der Versöhnung

Auch die Kunst bedarf der Rettung vor der Kulturindustrie. Denn die Verschleierung der Unversöhnlichkeit von Entzweiung ist verlogen; der Kitsch Hollywoods verdrängt in falscher Komödie das Leid, das sich allein der Entzweiung anschmiegt.[12] Denn das ist eine Konsequenz aus Adornos Kunstkonzeption: Nur der Leidende kann die Entzweiung thematisieren und dadurch die Wahrheit des Scheins entlarven. Wenn Kunst in den Zusammenhang des herrschaftsrationalen Marktes kommt, wenn Kultur insgesamt zur Beute des Markts und damit bezahlbar wird, verliert sie ihre Authentizität. In der Kulturindustrie verschleiert die ökonomische Rationalität die Entzweiung. Gesellschaftskritik ist infolgedessen immer Kritik an der Rationalität. Wie sollte Rationalität wahr sein, wenn sie doch nur Verschleierungscharakter hat. Die Kritik der Verhältnisse ist die Kritik der prinzipiell verschleiernden Zweckrationalität dessen, was wir vorfinden.

12 Im Prozeß der Denunziation des Kulturbetriebs zeigt sich Adornos traumatische Erfahrung seiner Emigration am deutlichsten.

Nun muß sich allerdings auch Adorno fragen lassen, warum er so klug sei. Nietzsches Frage aus dem »Ecce homo« ist bei allen Geschichten nötig, die entschleiern wollen. Woher weiß der Entschleierer, *daß* es sich um einen Schleier handelt? Die Geschichte der Entzweiung aber hat immer auch die Denunziation des Falschen als einen Teil an sich. Auch wenn das Falsche unausweichlich ist, es bleibt doch das Falsche. Wenn Schein da ist, trügt er, verbirgt er das Wahre-Gute. Aber wenn man weiß, daß es sich um einen Schein handelt, ist man immer schon eingeweiht. Darin besteht der gnostische Charakter von Adornos Philosophie: Man muß in den Charakter des Passepartouts »Entzweiung« eingeweiht sein, dann begreift man die Geschichte und damit den authentischen Charakter von Gut und Böse. Und hier zeigt sich der Manichäismus von Adornos Philosophie: Mit der gnostischen Einweihung wird man auch initiiert in die Heilserkenntnis: Denn auch die pessimistische Negation des Heils hat den Charakter eingeweihten Besserwissens.

Das ist das gnostische Erbe Walter Benjamins bei Adorno, und von Benjamin übernimmt Adorno auch die Vorstellung der Versöhnung durch die Kunst. In der Kunst allein kommt Adornos und Benjamins Gnosis zur Ahnung ihres Heils.

Benjamin hat diesen Charakter der Kunst in seiner eindringlichen Allegorie von Klees »Angelus Novus« dargestellt, die sich in seinen späten Miniaturen »Über den Begriff der Geschichte« findet. Das Bild war für Benjamin zentral, er wollte schon 1922 seine – nicht zustandegekommene – literaturkritische Zeitschrift danach benennen.[13]

13 Vgl. Rolf Tiedemann, Christoph Gödde und Henri Lonitz: Walter Benjamin 1892-1940. Ausstellungskatalog Marburg 1990,

Benjamin hat die zarte Zeichnung Klees 1940 als geschichtstheologische Allegorie gesehen, als Allegorie einer trost- und sinnlosen Geschichte, die dem Engel, der aus der paradiesisch ursprünglichen Versöhnung stammt, im entsetzten Antlitz nachscheint. »Es gibt ein Bild von Klee, das Angelus Novus heißt. Ein Engel ist darauf dargestellt, der aussieht, als wäre er im Begriff, sich von etwas zu entfernen, worauf er starrt. Seine Augen sind aufgerissen, sein Mund steht offen und seine Flügel sind ausgespannt. Der Engel der Geschichte muß so aussehen. Er hat das Antlitz der Vergangenheit zugewendet. Wo die Kette von Begebenheiten für *uns* erscheint, da sieht er eine einzige Katastrophe, die unablässig Trümmer auf Trümmer häuft und sie ihm vor die Füße schleudert. Er möchte wohl verweilen, die Toten wecken und das Zerschlagene zusammenfügen. Aber ein Sturm weht vom Paradiese her, der sich in seinen Flügeln verfangen hat und so stark ist, daß der Engel sie nicht mehr schließen kann. Der Sturm treibt ihn unaufhaltsam in die Zukunft, der er den Rücken kehrt, während der Trümmerhaufen vor ihm zum Himmel wächst. Das, was wir Fortschritt nennen, ist *dieser* Sturm.«[14]

Dieser letzte Abglanz der Versöhnung ist das Unbegreifliche, die Aura der Kunst. In der Kunst, wie er sie in seiner »Ästhetischen Theorie« dargestellt hat, sieht Adorno den Ausweg aus dem Leid seiner absoluten Geschichte. Die begrifflichen Wegweiser: Mimesis und Konstruktion.

S. 103ff. Der zweite Band der Benjamin-Ausgabe von S. Unseld (Frankfurt 1966) hat den Titel »Angelus Novus«. Auch Gershom Scholem nannte seine Aufsatzsammlung zu Benjamin (Frankfurt 1983) »Walter Benjamin und sein Engel«.

14 Benjamin: Gesammelte Schriften, Frankfurt 1974, I, 2, S. 697f.

Kunst ist auf Mimesis, auf das Anschmiegen an die Verhältnisse,[15] angewiesen: Romane brauchen ihren Stoff, Malerei braucht Farbe, Musik braucht Töne, das ist das Minimum der Mimesis. Kunst muß sich immer, damit sie überhaupt gesellschaftlich wahrnehmbar und dann wirksam sein soll, der Gesellschaft anpassen – und dieses auf dem höchsten Stand ihrer internen Technik, ihres Materials.[16] Aber diese Bedingung der Kunst muß genau so konstruiert werden, daß die Entzweiung, die Bedingung der Gesellschaft, also Verzweiflung der Kunst darstellbar ist. Für Adorno ist Kunst nur dann Kunst, wenn sie dergestalt kritisch ist – und hier liegt die Bedingung der Frankfurter Schulkonjunktur: Es ist die Kombination von kritischer Theorie, Kunst und Widerstandspose. Deren Argumentationsmuster, durch widerständige Kritik selbst Teil der Avantgarde zu werden, ist durch Mimesis und Konstruktion charakterisiert. In der Mimesis schmiegt sich die Kunst der gesellschaftlichen Entzweiung an, in der listig-widerständigen Konstruktion versucht sie, dieser Entzweiung zu entkommen:[17] durch

15 Ästhetische Theorie. Ges. Schriften Bd. 7, Frankfurt 1970, S. 201: »Die Herolde der Moderne, Baudelaire, Poe, waren als Artisten die ersten Technokraten der Kunst. Ohne Beimischung des Giftstoffs, virtuell die Negation des Lebendigen, wäre der Einspruch der Kunst gegen die zivilisatorische Unterdrückung tröstlich-hilflos. Absorbierte seit dem Beginn der Moderne Kunst kunstfremde Gegenstände, die in ihr Formgesetz nicht gänzlich verwandelt eingehen, so zediert sich darin, bis zur Montage, die Mimesis der Kunst an ihr Widerspiel. Genötigt wird die Kunst dazu durch die soziale Realität.«

16 Ästhetische Theorie, S. 222: »Material ist, womit die Künstler schalten: was an Worten, Farben, Klängen bis hinauf zu Verbindungen jeder Art bis zu je entwickelten Verfahrensweisen fürs Ganze ihnen sich darbietet.«

17 Vgl. Ästhetische Theorie, S. 330f.

Verweigerung der Gegenständlichkeit in der Malerei, durch Verweigerung des Wohlklangs in der Musik, durch Absurdität in der Dichtung, durch Verweigerung von Sinn, durch Verstummen. Die Kunst soll in der Verweigerung der Gattungskonventionen und in der Verweigerung des Marktes Wege suchen, sich der Rationalität der Entzweiung zu entziehen. Für Adorno bleibt die Hoffnung auf den Schein der Versöhnung, der sich antinomistisch in der Verweigerung zeigt, bleibt die Aussicht, durch die Kunst der Verzweiflung einer absoluten Geschichte zu entkommen und hinter der Geschichte ein ganz anderes Absolutes sichtbar werden zu lassen.

E. Endzeiten der Säkularisation Geschichtstheologische Apologetik

Vorspann: Über die Bedürftigkeit nach Begriffen und nach Legitimation

Es scheint, daß Nietzsches Kritik am Platonismus, auch Heideggers und Adornos Kritik am herrschaftlichen Wissen der Neuzeit in ihrer Radikalität die Plausibilitätsstandards unterschätzen, die die apologetische Philosophie seit der christlichen Antike bereitstellt. Die tröstliche Philosophie von Gott, dem Menschen und seiner Seele, die Frage danach, ob man denken muß, was man nicht denken will, die Tatsache, daß das Angebot an menschlich Bekömmlichem angenehmer ist als der Anspruch, dem Ressentiment zu entkommen, sich in Risiken ans Seyn zu verlieren oder die Entzweiung zu ertragen, diese Bequemlichkeits- und Bekömmlichkeitserwägungen heben die Akzeptanzschwelle fürs radikale Denken. Denn für die Betroffenen ist – unter Gesichtspunkten der Lebenspraxis – Tragik unangenehmer als Komödie.[1] Unberechenbares Seinsgeschick erscheint unplausibler, weniger beifallheischend als berechenbare Theodizee, die die Übereinstimmung von Gutem, Berechenbarem und Heil in ihrer Gotteskonzeption verspricht. Gerade wegen dieser Suggestion ist es angesichts der Krisen-, Kriegs- und Nachkriegssituation einsehbar, daß anstelle der Unberechen-

1 Dazu Arnold Gehlen: Die Struktur der Tragödie (1934), in: Gesamtausg. Bd. 2; Philos. Schriften 2, Frankfurt 1980, ed. L. Samson, S. 199-215.

barkeit über Gerechtigkeit und Zurechenbarkeit, anstelle von dunkler Geschichte von Legitimität, anstelle von Erkenntnis durch Berufene von Demokratie und Aufklärung geredet wird. Schwer zu sagen, ob diese neue Rationalisierung von Geschichte Heideggers These von der Seinsvergessenheit und Adornos Vorstellung von der unaufhebbaren Verstrickung nicht heimlich verstärkt. Vielleicht zeigt der Trümmerhaufen der Geschichtstheorien, die im Anschluß an Max Weber und Heidegger von Geschichte nur noch mit Begriffen handeln, deren Sinn fraglich geworden ist, das Ende der Epoche, die in ihrem Charakter durch den Leitbegriff Geschichte geprägt wurde.

1. Politische Theologie und Posthistoire: Zwischen Carl Schmitt und Arnold Gehlen

Ein Begriff, der schon vorher das Ideenverhältnis von Religion und Politik, von heiliger und profaner Geschichte bestimmt hatte, kennzeichnet die Geschichtsphilosophie der Mitte des 20. Jahrhunderts: Säkularisation.[2] Carl Schmitt hatte in seiner »Politischen Theologie« schon 1922 apodiktisch festgestellt: »Alle prägnanten Begriffe der modernen Staatslehre sind säkularisierte theologische Begriffe. Nicht nur ihrer historischen Entwicklung nach, weil sie aus der Theologie auf die Staatslehre

2 Einige Auswahltitel zum Begriff Säkularisation: Hermann Lübbe: Säkularisierung. Geschichte eines ideenpolitischen Begriffs, Freiburg 1965. C.H. Ratschow: Säkularismus, in: RGG, 3. Aufl. Bd. v. Hans Zabel:Verweltlichung/Säkularisierung. Zur Geschichte einer Interpretationskategorie, Diss. Münster 1968. Zu Hans Blumenberg.

übertragen wurden, indem zum Beispiel der allmächtige Gott zum omnipotenten Gesetzgeber wurde, sondern auch in ihrer systematischen Struktur, deren Erkenntnis notwendig ist für eine soziologische Betrachtung dieser Begriffe (Weber!). Der Ausnahmezustand hat für die Jurisprudenz eine analoge Bedeutung wie das Wunder für die Theologie. Erst in dem Bewußtsein solcher analogen Stellung läßt sich die Entwicklung erkennen, welche die staatsphilosophischen Ideen in den letzten Jahrhunderten genommen haben.«[3]

Damit war festgelegt: Der Staat und die Staatslehre sind die Signatur der Modernität; wo Staatlichkeit ist, da ist Neuzeit. Der Staat bekam seine weltgeschichtliche Rolle, er war die Realität der höchsten Macht, er war der Souverän. Diese an Max Weber anknüpfende[4] rechtshistorische Bestimmung der Neuzeit als eines Zeitalters des Staats, der Verwaltung, des »stählernen Gehäuses« der (kapitalistischen) Rationalität, substituierte im Souveränitätsbegriff die Prädikate Gottes: Der Staat und seine Institutionen tendierten in ihren von der Theologie übernommenen absoluten Begriffen zur juristischen Autonomie ihrer Selbstbestimmung: Das war die radikale Tendenz des Staates zur vollständigen Suffizienz durch das vollkommene Funktionieren seiner Institutionen: Die Übernahme absoluter Begrifflichkeit durch das Staatsrecht zeigt die Tendenz des eben neuzeitlichen Staates zum Totalitarismus.

3 Carl Schmitt: Politische Theologie (1922), 2. Aufl. Berlin 1934, S. 48. Vgl. K. Löwith: Der ockasionelle Dezisionismus Carl Schmitts, in: Gesammelte Abhandlungen zur Kritik der geschichtlichen Existenz, 1960, S. 93 ff.

4 Dazu Jacob Taubes: Ad Carl Schmitt. Gegenstrebige Fügung, Berlin 1987.

Souveränität ist an nichts so interessiert wie an ihrem sich steigernden und realisierenden Vollzug. Sie hat sich deshalb so zu organisieren, daß in den Rechtsinstituten, die sich der Souverän kraft eigener Machtvollkommenheit gibt, Legalität und Legitimität übereinstimmen. In der begrifflichen Differenzierung von Legalität und Legitimität[5] wird klar, daß nicht allein die Rechtsform – Legalität – die Aufgabe des Staates sein darf (wie das die liberale Rechtstheorie fordert), sondern daß der Staat seine eigene Souveränität politisch nur behaupten kann, wenn seine Rechtlichkeit politisch kreditfähig – eben legitim – ist. Erst die Legitimität der legalen Institutionen stärkt den Souverän, stabilisiert die staatsrechtlichen Institutionen, schafft das »stählerne Gehäuse« und macht es fähig, die komplexen Aufgaben zu erfüllen, die über die Leistungsfähigkeit einzelner Individuen hinausgehen. Die Institutionen können das Individuum nur dann entlasten, wenn sie legitim erscheinen. Legitime Institutionen reduzieren, entlasten den Einzelnen von der Komplexität seiner Selbsterhaltung in unübersichtlichen wirtschaftlichen und gesellschaftlichen Verstrickungen. Das stärkt die Institution, entlastet das Individuum, setzt es für weitere Handlungen frei und disqualifiziert es für Handlungen, die die Institutionen übernehmen.[6]

Institutionen, die entlasten, arbeiten mit Regelmaß. Je höher die Leistungsfähigkeit der Institutionen ist, desto umfassender der Bereich, den sie verarbeiten. Institutio-

5 Carl Schmitt: Legalität und Legitimität, Berlin 1932.

6 Zum Begriff der Entlastung: A. Gehlen: Der Mensch. Seine Natur und seine Stellung in der Welt, 9. Aufl. Frankfurt 1977. Ders.: Urmensch und Spätkultur. Philosophische Ergebnisse und Aussagen, 4. Aufl. Frankfurt 1972, S. 36. Vgl. ders.: Die Seele im technischen Zeitalter. Sozialpsychologische Probleme in der industriellen Gesellschaft, Hamburg 1957, S. 17ff.

nen verhindern aufgrund ihrer Berechenbarkeit – eben wenn sie funktionieren – grundlegende »System«-Veränderungen. Darin besteht ihre anthropologische Entlastungsfunktion ebenso wie ihre politische Stabilisierungsfunktion. Vollkommene Institutionen sistieren die Veränderung, denn sie liefern alle ihre Leistungen gleichzeitig, es braucht keine Nachzeitigkeit. Damit wird institutionelle Geschichte überflüssig, die Veränderung wird zur Gleichzeitigkeit. Gehlen hat diesen Sachverhalt nicht zuerst, aber, durch seine Institutionentheorie präzisiert, treffend wie stets *Posthistoire* genannt. *Posthistoire* ist hier präzise das Ende der Geschichte, ihr Ende von innen her.[7] Denn *Posthistoire* ist auch die Pointe der säkularen Souveränitätstheorie: Die Vorstellung des vollkommenen funktionierenden Staates liefert das Argument, daß das transzendente Ende der Geschichte, die Apokalypse, überflüssig ist. Schließlich besorgen die Institutionen die Abschaffung des Bösen, die »Entübelung des Übels«.[8] In

7 Der Begriff kommt wohl zuerst in der französischen Nationalökonomie vor, in der Schule A.A. Cournots, wohl bei Charles Bouglé: Les rapports de l'histoire et de la science sociale d'apres Cournot, in: Revue de Métaphysique et Morale 13, 1905, S. 368. Um 1950 bekommt er – pünktlich zur Fragestellung nach der Stellung der Neuzeit – wieder Konjunktur in der amerikanischen und deutschen Soziologie: R. Seidenberg: The Posthistoric Man, Chapel Hill 1950, S. 55f., S. 179f.; Hendrik de Man: Vermassung und Kulturzerfall, Bern 1951, S. 125; Arnold Gehlen: Über die Geburt der Freiheit aus der Entfremdung (1952), in: Gesamtausg. Bd. 4, S. 379; ders.: Die Rolle des Lebensstandards in der heutigen Gesellschaft (1952), Gesamtausg. Bd. 7, Frankfurt 1978, S. 19; ders.: Zeit-Bilder, 1960, S. 206. Für Auskünfte zur Sache bedanke ich mich bei Stephan Meier. Vgl. auch: Hannes Böhringer: Die Ruine in der Posthistoire, in: H.B.: Begriffsfelder. Von der Philosophie zur Kunst, Berlin 1985, S. 23-28.

8 Odo Marquard: Artikel »Malum« in HWP Bd. 5.

diesem Konzept vom Ende der Geschichte entspricht die optimale Funktion des Staates der Funktion der staatenlosen Gesellschaft.

Diese These der perfekten Institutionen, die vollständige Entlastung von Zwängen wäre die vollständige Herrschaft des Rechts, die Iustitia universalis[9] und ihre Selbstaufhebung zugleich. Die von allen Entscheidungen entlasteten Menschen wären vollständig frei und vollständig entmündigt.

Wie stets bei absoluter Begrifflichkeit ist die Aufhebung der begrifflichen Differenz das Ende vom Lied: Das gilt für die Lehre vom Ende der Geschichte (vom Status der Seligkeit) ebenso wie für die Prädikate Gottes.

Posthistoire wäre die institutionelle begriffliche Erlösung vom absoluten Begriff Geschichte, ihre Selbstauflösung, zugleich das Ende der Neuzeit. Denn diejenige Zeit, die nicht erlösungsbedürftig ist, die das Böse aufgehoben hat, und der deshalb das Veränderungspotential fehlt, kurz diejenige Zeit, die schlechterdings legitim ist, ist die historisch gültige Epoche, die zwar einen Anfang und ihre Geschichte, aber kein Ende und keine Zukunft braucht: Brave New World.

9 Zum Begriff vgl. H. P. Schneider: Iustitia universalis. Quellenstudien zur Geschichte des christlichen Naturrechts bei G. W. Leibniz, Frankfurt 1967.

11. Die christliche Legitimität der Säkularisation: Gogartens doppelte Geschichte

Die Vorstellung vom Ende der Geschichte, von der Ankunft des gerechten Richters und vom messianischen Reich ist nicht spezifisch christlich, sie umfaßt allemal auch das Judentum. Denn die Rolle der Person Christi in der Heilsgeschichte war für die Bändigung des absoluten Begriffs von Geschichte durch Heilsvorstellungen unentbehrlich und erst die Voraussetzung der Säkularisation. Säkularisation war wesentlich auch ein theologisches Problem. Dem hat sich Friedrich Gogarten gestellt.[10] Ihm ging es darum, wie denn die weltgeschichtliche Rolle Jesu als des Christus interpretierbar sein sollte. Ging man vom Scheitern des Christentums aus, war die Rolle Christi quantité négligeable. Aber diesen Ausgangspunkt teilten weder Carl Schmitt noch Gogarten.[11] Wie aber konnte die Welt erlöst sein und die Geschichte gleichwohl weitergehen, d.h. trotzdem erlösungsbedürftig sein? Das war die geschichtstheologische Version der Frage nach dem Verhältnis von Soteriologie und Eschatologie, von Erlösungslehre und dem Symbolum von der Wiederkunft des Herrn.

Es war die Frage zugleich der paulinischen und der lu-

10 Friedrich Gogarten: Verhängnis und Hoffnung der Neuzeit. Die Säkularisation als theologisches Problem, Stuttgart 1953.

11 Zum nicht unproblematischen Zusammenhang zwischen Dezisionismus, Theologie und politischer Romantik bei Gogarten und Carl Schmitt siehe vor allem: Theodor Strohm: Theologie im Schatten politischer Romantik. Eine wissenschafts-soziologische Anfrage an die Theologie Friedrich Gogartens, München 1970.

therischen Theologie; und lutherisch beantwortete Gogarten das Säkularisierungsproblem als Alternative: Entweder geschehe der Prozeß der Säkularisierung so, daß der Mensch seine Selbständigkeit »im säkularen Verhältnis zu sich selbst und zur Welt verwirklicht«[12] oder die Säkularisation hänge mit dem christlichen Glauben so zusammen, daß sie zu seinem Wesen gehöre. Man fasse dieses Wesen des christlichen Glaubens nur dann richtig, wenn »man die Säkularisierung als zu ihm gehörig erkennt«[13].

Um diese Weltlichkeit der Welt, die die Säkularisation trägt, christlich begründen zu können, mußte Gogarten zunächst das Verhältnis des Christen zur Welt beschreiben. Wenn ein solches Verhältnis christlich – das heißt unter Einbeziehung der Erlösung – beschrieben werden sollte, dann lag es nahe, paulinisch zu argumentieren. In der paulinischen Theologie kommt notwendig die Differenz gnostischen und christlichen Denkens zur Sprache. Gogarten pointiert den Gegensatz von Gnosis und Christentum darin, daß die Mächte der Welt Geschöpfe Gottes sind, nicht Widersacher Gottes von Anbeginn, wie in der Weltlichkeit der Gnosis. Daß die Welt und ihre Macht von Gott, nicht von einem antigöttlichen Demiurgen geschaffen ist, heißt, daß im Geschöpf nur der Schöpfer verehrt werden darf, das Geschaffene aber nicht für sich selbst verehrungswert ist. Damit zeigt Gogarten, daß das Christentum die Gnosis mit Hilfe der Schöpfungstheologie überwindet[14]. Die Überwindung der Gnosis durch Schöpfungstheologie impliziert die christliche Verant-

12 Ebd. S. 8.
13 Ebd. S. 11.
14 Vgl. dazu – das gehört ebenfalls in die 50er Jahre – Rudolf Bultmann: Theologie des Neuen Testaments, Tübingen 1953. Ders.:

wortung für die Welt in der Weise, daß die Erlösungsbedürftigkeit des Menschen immer auch Erlösungsbedürftigkeit von seiner Weltverfallenheit, seiner Sünde ist. Damit ist die Natur der Welt in der theologischen Zweideutigkeit dargestellt, die für Erlösungslehre entscheidend ist. Einerseits ist sie von Gott geschaffen, andererseits kann sie Objekt der menschlich sündigen Konkupiszenz sein. Das ist der Begriff der Welt, der zugleich die sündige – aber erlösungsbedürftige –, damit erlösungsempfängliche Natur des Menschen bestimmt. Ohne Erlösung ist die Natur des Menschen nur Weltlichkeit der Welt, damit der Sünde verfallen. Luther hat die Selbstbehauptung des Menschen als seine Natur und Ursünde betrachtet: »Non potest homo naturaliter velle, Deum esse Deum. Immo vellet, se esse Deum et Deum non esse Deum.«[15] Die Weltlichkeit der Welt und die Menschlichkeit des Menschen kann deshalb nur aus dem Status der Sünde erlöst werden, wenn sie als vom Glauben ergriffenes Verhältnis des Menschen zu Gott, und zwar durch die Offenbarung Christi begriffen wird, durch das Faktum der Erlösung, das Faktum der Einläßlichkeit Gottes auf die Welt, das die Gottesferne der Welt allein aufhebt. In dieser »Sohnschaft«[16] des Menschen durch seine Rechtfertigung, darin, daß in Christus der Glaube als Gnade geschenkt wird und wir uns in ihm unserer substanzlosen Geschöpflichkeit und Gottesferne radikal be-

Das Urchristentum im Rahmen der antiken Religionen, Zürich 1962. Auch rde. Nr. 157/158.

15 WA 40 II, 378. Zitiert bei Gogarten S. 39. Das bedeutet die Entsubstantialisierung des Menschen angesichts einer totalen Theologie und zugleich das Verdikt der Sündhaftigkeit jeder Substanz-Anthropologie.

16 Vgl. vor allem Gogartens Kapitel 4 »Das Heil des Menschen« und 6 »Der Ansatz zur Säkularisierung«.

wußt sind, wird die Freiheit der Kinder Gottes vom Gesetz erreichbar. Jede Selbstbehauptung ist Status von Sünde. Alles ist erlaubt – aber allein unter dem Evangelium.

Die christliche Möglichkeit der Säkularisation ist die Freiheit des Glaubens unter dem Evangelium, wo man dem Kaiser geben kann, was des Kaisers ist, wo man der Obrigkeit untertan sein kann und die Mächte der Welt anerkennt. Denn dadurch, daß schlechterdings alles dem Rechtfertigungsverhältnis zu Gott durch den Glauben an Christus unterliegt, ist die Welt in ihrer Weltlichkeit frei vom Rechtfertigungsdruck, frei von allem theologischen Druck zur persönlichen Heilsgeschichte; damit ist der Mensch frei für die zweckmäßige Gestaltung der Welt nach deren Mächten.

Das eröffnet die Möglichkeit einer profanen, aber dennoch christlich gebändigten Geschichte, das macht die Offenheit einer menschlichen und weltlichen Zukunft allererst möglich; eine andere als eine weltliche Qualifizierung der Welt ist dem Glaubenden nicht erforderlich. Wer aus dem Glauben geschichtlich lebt, handelt in der Welt pragmatisch, unterscheidet die irdische Geschichte von der göttlichen.[17] Die »Weltgeschichte ist für den christlichen Glauben unter keinen Umständen das Weltgericht, sondern sie wartet seiner«.[18] Die Spiritualität der göttlichen Geschichte, die erwartete Wiederkunft des Herrn, ist für den Glaubenden nicht eine »wie immer vorgestellte Zukunft der Welt«,[19] sondern Eschatologie ist nur möglich »unter Preisgabe jeder der Welt und dem Leben

17 Vgl. ebd. S. 130.
18 Ebd. S. 134.
19 Ebd. S. 180.

entstammenden Hoffnung«[20]. Eschatologie ist der Glaubensrahmen einer profanen irdischen Geschichte – und die Weltlichkeit der Welt ist damit theologisch begrenzt und definiert.

Die Trennung von Weltlichkeit und Heil, die die Vermittlungsmöglichkeit von Christologie und Geschichtsphilosophie ausmacht, bestimmt zugleich deren beide Schwierigkeiten:

1. In dieser Spagattheologie zwischen weltlicher und geistlicher Geschichte wird nicht klar, welche Rolle die Eschatologie, das Weltengericht für die Welt haben sollte. Denn wenn die göttliche Gnade – sola fide – die Welt beendet, bleibt die Welt in ihrer Weltlichkeit ungerichtet: Das Böse in ihr wird nicht bestraft. Eschatologie hat keinen weltlichen Sinn, sie ist nur eine Frist, die keine historische Qualität hat. Die Eschatologie verkommt so zum quietistischen Eskapismus. (Der Vorteil dieser Konstruktion: Der Staat hat keine Heilslehre zu verkünden, und die Institutionen erlösen nicht von der Geschichte.)

2. Die Vermittlung von Weltlichkeit und Heil, für die die Kirche zuständig ist, hat in dieser Geschichtstheologie keinen Platz. Die Verkündigungsrolle der Kirche, die Notwendigkeit, Heilsgeschichte als Erklärungs- und Gnadenangebot in Lehre und Kult präsent zu halten, das heißt die Irdischkeit und die Institutionengebundenheit der Offenbarung bleiben unbedacht.

Gogartens Lehre von Verhängnis und Hoffnung der Neuzeit ist damit eigentlich kein Buch über die Neuzeit, zeigt aber eindringlich, wie der christliche Rahmen jeder Geschichte und damit auch der Rahmen der Neuzeit aussehen könnte. Sie ist in den geschichtstheologischen Apologien der Neuzeit die christlichste.

20 Ebd. S. 181.

III. Gnostische Ideenpolitik: Voegelins heillose Heilserwartung

Mit der entschieden lutherischen Christlichkeit hat Gogarten – Bultmann folgend – in der Geschichtstheologie der Neuzeit das Christentum auch in seiner Rolle als Überwinder der Gnosis eingeführt. Damit war auf den historischen Begriff gebracht, was als metaphysisch-moralischer Begriff eher implizit die Voraussetzung der unabgeschlossenen Geschichte war: das Faktum des Bösen. Solange das Böse existierte, war Geschichte nicht zu rechtfertigen, mithin auch nicht zu Ende zu führen. Darin bestand ja gerade die Rolle der Eschatologie, das empirisch faßbare, aber nicht begründbare Faktum des Bösen durch das göttliche Gericht in die Rationalität von Belohnung und Bestrafung zu überführen. Das wäre dann der endgültige Sieg des berechenbaren und deshalb guten Gottes über sein unkalkulierbares Gegenprinzip gewesen. Solange der Kampf aber dauerte, waren beide Prinzipien noch virulent: Das war historisch das Feld der Gnosis: Geschichte als Ringen des Guten und des Bösen.[21] Wo beide Prinzipien wissend auseinanderzuhalten waren, wo man das Gute als Gutes und das Böse als Böses erkannte, dort herrscht gnostisches Denken. Eric Voegelin hat 1959 in seiner Münchner Antrittsvorlesung über »Wissenschaft, Politik und Gnosis«[22] das gnostische Den-

21 Vgl. E Voegelins 4. Band seiner monumentalen Universalgeschichte: Order and History. The Ecumenic Age, Baton Rouge, Louisiana, 1974.

22 Eric Voegelin: Wissenschaft, Politik und Gnosis, München 1959. Vgl. die ausführlichen Darstellungen in: The New Science of Politics (1952), deutsch München 1959: Die neue Wissenschaft von der Politik, bes. Kap. IV: Der Gnostizismus und das Wesen

ken als Spezifikum der Neuzeit betrachtet und politisch gewendet – auf Marx, auf Nietzsche und auf Hegel. Die gnostischen Ingredienzien Voegelins: eine veränderungsbedürftige Welt, deren guter Sinn verborgen ist, und die Erkenntnis der bösen Welt. Die Schlechtigkeit der Welt und ihre Erlösungsbedürftigkeit lösen die zirkuläre Erfahrung jeder Verborgenheit aus. Der verborgene gute Sinn der Welt muß aus der bösen Welt erlöst werden, und wenn sich deren guter Sinn nicht zeigt, dann liegt das an der Schlechtigkeit der Welt. Wissen entsteht aus Indignation an der Welt und denunziert ihre Schlechtigkeit.[23] Nur dazu ist Wissen da – und das Wissen, das das Ziel der Erlösung der Welt nicht im Auge hat, wird wegen falscher Fragestellung untersagt. Gnostisches Wissen – und das gilt für Voegelin gerade für die Neuzeit – ist also a limine ideologisches Wissen, und ideologisches Wissen zeichnet sich dadurch aus, daß es Bestreitern der Ideologie falsche Ideologie unterstellt. Die Vorstellung von der Schlechtigkeit der Welt impliziert den Haß auf deren demiurgischen Schöpfer. Solange die Welt nicht erlöst ist, je länger sich die Parusie, die Wiederkunft des Herrn, verzögert, desto mehr führt der Gotteshaß dazu, daß sich der Mensch in die Erlöserposition Gottes setzt und das Erlösungswerk selbst zu erledigen sich anschickt, das eigentlich Gott zugedacht war. Das ist die Theorie der souveränen Revolu-

der Modernität; und Kap. v: Die gnostische Revolution – Der Tod des Puritanismus.

23 Voegelin zitiert Marx' Begriff der Kritik aus der »Kritik der Hegelschen Rechtsphilosophie«, ebd. S. 79: »Die verwandelte Kritik ist nicht mehr Theorie, sondern Praxis. Ihr Gegenstand ist ihr Feind, den sie nicht widerlegen, sondern vernichten will … Sie gibt sich nicht mehr als Selbstzweck, sondern nur noch als Mittel. Ihr wesentliches Pathos ist die Indignation, ihre wesentliche Arbeit ist die Denunziation.«

tion, die für Voegelin seit Hegels Phänomenologie die Position Gottes überflüssig macht.[24] Das »Durch-sich-selbst-Sein« des Menschen impliziert für Voegelin den spekulativen Gottesmord. Ideologien, Nationalsozialismus wie Kommunismus, begehen diesen Gottesmord aus ihrem implizit gnostischen Denken heraus. Das ist die Extremposition des Säkularisationsvorwurfs, er impliziert die Heillosigkeit und Illegitimität der Neuzeit, er indiziert die Heillosigkeit und die Heilserwartung einer weltlich unabschließbaren – auch in diesem Sinne absoluten – Geschichte.

IV. Die Entlastung Gottes als Ermächtigungsakt des Menschen: Blumenbergs Apologie der Neuzeit

Der Extremposition Voegelins gegenüber die Legitimität der Neuzeit zu behaupten, setzte ein Neuarrangement der Leitbegriffe voraus. Für eine Apologie der Neuzeit mußte klar werden, daß ihre Position in Heilsgeschehen und Weltgeschichte keine Unrechtsposition war, sondern daß sie glaubwürdig, gerechtfertigt, eben legitim war. Es mußte zugleich deutlich gemacht werden, daß der transzendentale Anthropozentrismus der Neuzeit nicht Gottesmord war, sondern legitime Selbstbehauptung. Wenn diese Apologie der Neuzeit sich als Geschichtsphilosophie erweisen wollte, mußte sie mit dem theologischen Hauptproblem dieser Philosophie fertig werden: mit der Frage nach dem Bösen. Die unerledigte Frage nach dem

24 Die »Phänomenologie des Geistes« ist für Voegelin das »magnum opus des Gottesmordes«, ebd. S. 80.

Bösen begründete die Notwendigkeit der Veränderung in der Geschichte – schließlich sollte das Böse abgeschafft werden. Diese Frage begründete zugleich, daß mit dem Jüngsten Gericht das Böse in Justiz überführt werden und damit Geschichte überflüssig werden sollte, denn ein gerechter und guter Status hatte kein Veränderungspotential in sich. In das Arsenal der Begriffe, die die Neuzeit erklären sollten, gehörte der politische Gedanke der Entlastung durch Institutionen bis zum Posthistoire (Gehlen), die Frage nach der politischen Radikalität absoluter theologischer Begriffe (Carl Schmitt) und die christliche Rechtfertigungslehre (Gogarten).

Hans Blumenberg hat 1966 mit seinem Buch »Die Legitimität der Neuzeit«[25] ein Neuarrangement der Leitbegriffe für die Neuzeit dadurch versucht, daß er Voegelins These umgedreht hat. Er hat die Neuzeit als zweite Überwindung der Gnosis nach der ersten, im Christentum gescheiterten Überwindung charakterisiert. Die Pointe seiner Argumentation lag darin, daß er die Theodizee, die Rechtfertigung Gottes von den Übeln der Welt, als Entlastung Gottes von seiner Verantwortung für die Welt begriff.

25 Frankfurt 1966. Die 2. Auflage mit einem neu geschriebenen ersten Teil: Säkularisierung und Selbstbehauptung, Frankfurt 1974. Der Begriff Legitimität ist bei Blumenberg anders benutzt als bei Carl Schmitt. Bei Carl Schmitt ist er institutionell gemeint, bei Blumenberg hat er einen naturrechtlich-humanistischen Zungenschlag und stabilisiert den ideologischen Gebrauch von »human« bei Blumenberg. Vgl. Carl Schmitt: Politische Theologie II. Die Legende von der Erledigung jeder politischen Theologie, Berlin 1970, S. 109-126. Blumenberg replizierte auf die Kritik Carl Schmitts in »Säkularisierung und Selbstbehauptung« S. 193-218 und in »Arbeit am Mythos«, Frankfurt 1979. Dazu Schmidt-Biggemann: Diesseits namenlosen Entsetzens, in: Neue Deutsche Hefte 28, 1981, S. 570-579.

Mit dem Argument der Theodizee[26] war die Frage nach dem Bösen in ihrer gnostischen und ihrer eschatologischen Dimension mitgedacht und zugleich aufgehoben. Blumenbergs Argument funktioniert zuerst ganz leibnizianisch: Wenn Gott alle Prädikate in sich enthält, die gut sind, wenn er also notwendig ist und gut ist, dann kann er aufgrund seiner Allmacht nur die beste mögliche Welt hervorgebracht haben. Diese Welt kann nur vollkommen sein – also nur dann ihrem und damit dem Begriff Gottes entsprechen, wenn sie autonom, selbständig ist. So weit entspricht das dem Leibnizschen Gedanken. Blumenberg interpretiert diese Rechtfertigung Gottes von den Übeln der Welt als die »Sicherung des radikalsten Prinzips der philosophischen Autonomie, das sich denken läßt«.[27] Aus der Vollkommenheit Gottes folgt die Vollkommenheit

26 Odo Marquard hat sich seit 1965 mit dem Problem der Theodizee auseinandergesetzt: Idealismus und Theodizee, zuerst in: Philosophisches Jahrbuch 73 (1965), S. 33-47. Das Thema hat ihn begleitet; vgl. O. M.: Der angeklagte und entlastete Mensch in der Philosophie des 18. Jahrhunderts, 1978, jetzt in: O. M.: Abschied vom Prinzipiellen, Stuttgart 1981.

27 Säkularisierung und Selbstbehauptung S. 67. Blumenberg interpretiert den Satz vom zureichenden Grund emanzipatorisch. Er unterschätzt, vermute ich, die Rolle der Apologetik bei Leibniz und generell im 16. und 17. Jahrhundert. Die Rechtfertigung Gottes – Prozeß der Theodizee – geschieht nicht um der menschlichen Autonomie willen, die Theodizee ist kein Kassiber der Emanzipation. Vielmehr wird im Prozeß der Apologie Gott selbst durch seine zunehmende Rationalisierung und durch die zugehörige Rationalisierung seiner Schöpfung sozusagen von selbst überflüssig. Autonomie wird im Prozeß der Apologie Gottes freigesetzt und macht so den Gottesbegriff entbehrlich, ist aber nicht Motor dieser Entwicklung. Vgl. dazu W. Schmidt-Biggemann: Von der Apologie zur Kritik. Der Rezeptionsrahmen der Theodizee, in: Theodizee und Tatsachen, Frankfurt am Main 1988, S. 61-72.

seiner Schöpfung, und diese Vollkommenheit macht das Eingreifen Gottes in die Schöpfung überflüssig; eine perfekte Welt braucht keinen Uhrmacher mehr. Indem das metaphysische Perfektionsargument Gott aus seiner Verantwortung für das Böse herauskomplimentiert, katapultiert es Gott zugleich aus der Welt insgesamt hinaus. Damit erscheinen »die Übel immer weniger deutlich als physische Mängel der Natur, immer mehr und wegen der technischen Verstärker eindeutiger als Resultate menschlicher Handlungen«.[28] Der Mensch wird – Ergebnis der Theodizee – mit der Verantwortung für die Übel belastet, von denen Gott entlastet wurde.

Zugleich muß Blumenberg, wenn die Theodizee sich als Selbstermächtigungsakt des Humanen erweist, den Eindruck der Usurpation theologischer Argumente vermeiden. Wenn die Selbstbehauptung des Menschen immer schon gerechtfertigt ist, wenn die Geschichte ein Akt der allmählichen Entängstigung des Menschen durch Kultur ist,[29] dann ist die Theologie, die in der ersten christlichen Überwindung der Gnosis den unberechenbaren Ratschluß Gottes für die Frage nach dem Bösen, damit für den Sinn der Heilsgeschichte verantwortlich machte, ihrerseits ein Akt der Usurpation, der illegitim, weil inhuman war. Die absoluten Begriffe der Theologie,[30] die

28 Säkularisierung und Selbstbehauptung S. 68.

29 Zu dieser These siehe besonders Blumenberg: Arbeit am Mythos, Frankfurt 1979.

30 Zu den »absoluten Begriffen der Theologie«, denen Blumenberg seinen humanistischen Funktionalismus entgegensetzt: Säkularisierung und Selbstbehauptung, S. 103-118, bes. S. 115: »Man darf hier die Differenz von Rationalismus und Voluntarismus, insofern sie geschichtsphilosophisch ausschlägt, nicht aus dem Blick verlieren. Der Rationalismus hat den Vorzug, seine Funktionsweise auf unpersönliche »Mechanismen« gründen zu kön-

Allmachts- und Allwissenheitsprädikate, die Souveränität Gottes machen die Theologie zu einer illegitimen Wissenschaft, denn nachtranszendental läßt sich kein Maßstab finden als der humane, als die Erträglichkeit für das Menschliche. Diesem Maßstab können die absoluten Begriffe der göttlichen Souveränität, die beunruhigen und beängstigen, nicht gerecht werden.

Blumenbergs Buch hat mit seinem Neuarrangement der Leitbegriffe die Diskussion um die Legitimität der Neuzeit auf ihren leistungsfähigsten Nenner gebracht und fast allein die Diskussion weiter konturiert. Diesen Rang hat das Werk unabhängig von der jeweiligen Stimmigkeit der historischen Befunde in Mittelalter und Früher Neuzeit.[31] Der blumenbergische Nenner ist humanistisch-pagane Theologie. Dieser Nenner entspricht der paganen Hälfte von Gogartens christlicher Säkularisation, ohne aber die Pointe Gogartens, die Doppelgleisigkeit geistlicher und weltlicher Geschichte, die aus der Christologie folgte, zu akzeptieren. Explizit jüdisch- und christlich-theologische

nen, also nicht auf Vernunft-Subjekte – und seien sie vom Typus des »Weltgeistes« – und allein deren Vernünftigkeit angewiesen zu sein. Noch der Darwinismus ist ein Derivat des Rationalismus: Er läßt Perfektion mit der Zuverlässigkeit einer blinden Mechanik produzieren. Ein Voluntarismus ist notwendig auf ein Subjekt, und sei es ein fiktives, angewiesen. Daher erfordert der Personen, und seien es juristische. In der Gestalt des Dezisionismus geht es nicht ohne den Souverän, und sei er nur metaphorisch. Also hat diese staatstheoretische Position einen Bedarf an Legitimitätsproblematik durch die Behauptung der Säkularisierung.«

31 Dazu: Wolfgang Hübener: Carl Schmitt und Hans Blumenberg oder über Kette und Schuß in der historischen Textur der Moderne, in: Religionstheorie und Politische Theologie 1, hg. v. Jacob Taubes, Bd. 1: Der Fürst dieser Welt. Carl Schmitt und die Folgen, München, u.a. S. 57-76.

Argumente, die Gott geben, was Gottes ist, sind aus formalen Gründen aus Blumenbergs Argumentationsarsenal ausgeschlossen. Solange theologieorientiertes und humanistisches Denken am Maßstab humaner Legitimität gegeneinander konstruiert sind, kann nur ein Argument legitim bleiben. Und so schützt sich Blumenbergs paganer Anspruch der Menschlichkeit gegen theologischen Absolutismus.[32] Diese pagane, humanistische Theologie argumentiert funktional – Funktionalität ist die Waffe des paganen Humanismus gegen den begrifflichen Absolutismus der Theologie. Blumenbergs Denken, das alle Begriffe im Interesse humaner Selbstbehauptung funktionalisiert, läßt Begriffe mit Absolutheitsanspruch prinzipiell nicht zu. Denn jeder begriffliche Anspruch, der nicht der humanen Selbstbehauptung dient, gerät unter den Ideologieverdacht der Inhumanität. Begriffe wie Kontingenz, Gnade, Gerechtigkeit, Rechtfertigung, Glaube – sämtlich Begriffe, die mit anderen als den Absolutheitsansprüchen des Humanen argumentieren – fallen deshalb a limine aus Blumenbergs Legitimitätskonzept heraus.
Absolute Begriffe bieten keine Möglichkeit zur humanen Geschichte. Indem Blumenberg die absolute Begrifflichkeit als theologische Überdehnung disqualifiziert,[33] vermeidet er die begrifflichen und politischen, die dialektischen und totalitären Koinzidenzen, wie sie bei Nietzsche und Heidegger, bei Adorno, Gehlen und Carl Schmitt die Theorie bestimmten. Auf der anderen Seite verliert er damit die Möglichkeit, Geschichte radikal zu denken, weil er auf absolute Begrifflichkeit verzichtet. Er wählt schon

32 Vgl. dazu Klaus-M. Kodalle: Gott, in: Philosophie. Ein Grundkurs, hg. v. D. Martens und H. Schnädelbach, Reinbek 1985, S. 395-439, bes. S. 421-424.

33 Säkularisierung und Selbstbehauptung, S. 103.

hier nicht den radikalen, negativen Theologen Nietzsche, sondern den ironischen, begriffsskeptischen, humanen Goethe.[34]

Die Leistungsfähigkeit von Blumenbergs Argumentation liegt gerade in seinem begrenzten epikuräischenKonzept der historischen Entängstigung von der Apokalypse. Die Frage nach der Sinnlosigkeit der absoluten Geschichte stellt sich dem Humanisten nicht. Das bedeutet:

1. Die Reduktion der Kontingenz der Welt. Die Perfektion der Welt, die Blumenberg durch die Theodizee-Argumente garantiert sieht, die Korrektur-Unbedürftigkeit und seine natürliche Autonomie machen den neuen Weltbegriff resistent gegen Veränderungen. Das bedeutet

2., daß die Übel der Welt innerweltlich zu bewältigen seien. Das Übel wird zur pragmatischen Frage, die die Menschen untereinander zu regeln haben. Die gerechtfertigte legitime Neuzeit hat wegen ihrer Legitimität kein Veränderungspotential mehr, folglich auch keine Zukunftsdimension. Blumenbergs pagane Neuzeit ist ohne Angst zwar, aber auch ohne Hoffnung auf transzendente Besserung der Welt. Sie ist durch die Theodizee gesundgebetet worden.

3. Geschichte hat bei Blumenberg keinen Sinn, den sie von außen bekommt. Da absolute Begriffe bei ihm keine Geltung mehr haben, erweist sich auch der Anspruch nach Rechtfertigung der Geschichte durch das apokalyptische Gericht als eine von den »großen Fragen und großen Hoffnungen, die das Bewußtsein überdehnen und dann enttäuschen«.[35] Damit wird zugleich das einzi-

34 Vgl. Blumenberg: Arbeit am Mythos. Besonders der IV. Teil: »Gegen einen Gott nur ein Gott«.

35 Säkularisierung und Selbstbehauptung S. 103.

ge Veränderungspotential der Universalgeschichte, die Frage nach der Bewältigung des Bösen durch den historischen Anspruch des absoluten Begriffs Gerechtigkeit, auf humanistische weltimmanente Pragmatik reduziert. Denn eine Epoche, die so in sich legitim ist, braucht keine Veränderungen, die über sie hinaus gehen. Die Neuzeit ist damit die programmatische Endzeit, auch das Ende der Geschichte. Die Theodizee-Argumentation macht Geschichte auf dem Umweg über nicht-christliche, pagane Theologie wieder zur natürlichen Angelegenheit, sie reduziert Geschichte auf den Rahmen der vollkommenen Natur, nimmt damit der Geschichte ihre eigene Qualifikation.

Ist das zugleich das Ende von Geschichte als absolutem Begriff?

Ein solches Ende biegt die lineare Heilsgeschichte mit Anfang und Ende zurück zur kreisförmigen, metaphyischen Bewegung der Ewigen Wiederkehr des Gleichen. Wenn die metaphysische Natur der Rahmen von Geschichte wäre, wenn mithin die Vorstellung von Anfang und Ende der Natur absorbiert und damit die qualifizierte Eigenheit der Geschichte auf die Natur reduziert wäre, dann wäre die Neuzeit die endlich zu Ende und zu Anfang gekommene Geschichte. Absolute Geschichte würde umgedeutet zum Posthistoire. Als die Zeit, in der sich alles erfüllte, als Epoche der Gleichzeitigkeit, der Wertgleichheit aller humanen Attitüden, der Entlastung von allen lästigen Bedürfnissen und Entscheidungen, wäre Neuzeit das Zeitalter der Koinzidenz von Freiheit und Entmündigung, also dann doch das Zeitalter absoluter Begriffe.

Namenregister